# 我们的大学

## 广州大学教师人才培养、科学研究、服务社会、传承文明录（2021）

主编◎屈哨兵　魏明海

暨南大學出版社
JINAN UNIVERSITY PRESS

中国·广州

# 编委会

赠给　　　　　　　　老师：

感谢您为广州大学人才培养与发展建设做出的贡献。

# 序
## 广大教师的故事：我们的神圣与荣光

这是学校教师版《我们的大学》系列的第五本了。此前的几本，我们都有一则简短的序言，这次也不例外。几则序言分别表达了两个观点：第一，《我们的大学》应该为广州大学的教师树碑立传；第二，《我们的大学》应该成为广州大学教师的荣誉手册和教师信史。每一本《我们的大学》出版后，我和魏明海校长都会在教师节前后为在《我们的大学》中出现了名字的老师签名送上一本，感谢各位老师在人才培养、科学研究、服务社会以及传承文明方面做出的努力和贡献。

在今年"五一"国际劳动节期间为这本教师版《我们的大学》写一则序，我觉得特别有意义。这是广州大学 2021 年的教师信史。2020 年疫情肆虐，本以为 2021 年能够"天下太平"了，不曾想这一年新冠肺炎疫情依旧如同幽灵一般到处游荡，我们所处的这个城市也未能幸免。有的时候真有一种"不知道疫情和明天谁先来临"的感觉。我相信我们每一个同事在谈起新冠肺炎疫情发生以来的工作与生活，都一定会有很多故事与体会。或许是因为正处在"五一"国际劳动节，我在这里首先体会到的，是我们作为教育者的神圣与荣光。

我大致统计了一下，这一本《我们的大学》计有四百多则教师故事，被提及的老师近八百名。在这个群体中，既有党龄超过七十年的老同志，也有刚刚入职的新人；既有名冠学界的专家，更有默默无名的普通教师。如果对《我们的大学》所涉及内容分类，大体上可归入人才培养、科学研究、服务社会和传承文明等类别之中。不管归入哪一类，主角都是广州大学老师，在我的眼中他们无不从不同的侧面、不同的场景体现作为师者的精气神。

如果仔细读过本书，我相信每一个人都会对四百多则教师故事产生这样那样的评论。但毫无疑问的是，《我们的大学》一定可以从整体上展示我们这所大学师者的年度风貌。这则短序不可能展示我们教师风貌的全部，但即使仅摘取每个月的第一则故事来看，这种风貌都可以形成一组很有味道的"速写"：

1 月 1 日：刘瑾、刘惠明、郎逸峰 3 位老师带领学生在白云国际机场奏响新年乐章；

2 月 1 日：陈万鹏老师作题为“一片丹心向朝阳，在关心下一代工作的舞台上发光发热”的专题宣讲报告；

3 月 1 日：宋尧玺老师指导学生在国务院新闻办公室人权事务局指导的征文比赛中获奖；

4 月 7 日：谢俊贵、林曼曼老师带领广州大学钟南山精神效应研究组开展实地调研；

5 月 13 日：欧阳蓓蓓师生举办“华风雅韵”——中国古诗词艺术歌曲音乐会；

6 月 1 日：南方日报专访魏明海校长：撕掉“偏文”标签，打造四大一流专业方阵；

7 月 1 日：韩冬雪教授入选建党百年广州市百名领誓人；

8 月 5 日：赵楠楠老师获广东省大中小学思政课一体化教学展示交流活动一等奖；

9 月 10 日：章典教授领衔国际研究团队在青藏高原发现世界上最古老的岩面艺术；

10 月 1 日：赵中源教授获中宣部“优秀理论宣讲报告”表彰；

11 月 3 日：张新长教授荣获国家科技进步二等奖；

12 月 1 日：郑李垚老师课题组在 *Organic Chemistry Frontiers* 发表封面文章。

我相信这十二则故事发生在这个年度并成为《我们的大学》的月度首篇都有一定偶然性，但其作为一组“速写”反映广州大学教师故事的风貌似乎又是必然。大学使命之人才培养、科学研究、服务社会和传承文明在这里面都有所体现，尤以人才培养和科学研究两方面更为突出。1 月 1 日，音乐舞蹈学院的刘瑾院长和刘惠明、郎逸峰两位老师带领学生到广州白云机场二号航站楼天空舞台举办了一场以“琴心向党 · 让爱飞翔”为主题的新年音乐会，并面向全球进行了直播。这既是人才培养，也是服务社会。2 月 1 日，陈万鹏同志是广州大学合并组建后的第一任党委书记，虽然离开领导岗位多年，仍然关心下一代的健康成长，成为全国关心下一代工作先进工作者。这一天陈万鹏同志向全市 500 余名离退休党员干部做了一场专题宣讲。我也知道万鹏老书记多次到学校的不同学院与师生座谈或开展讲座，给了大家诸多的鼓励与支持。3 月

1 日，宋尧玺老师指导学生在“人民幸福生活是最大的人权——我与小康”主题作品征集活动中荣获多个奖项，说明我校人权教育与研究基础厚实。近期我到人权研究院，该院在我国人权研究领域是一个不可或缺的点，应该建设得更好。4 月 7 日，谢俊贵与林曼曼老师带领学生调研南山精神何尝不是一种通过研究来引导学生向共和国勋章获得者学习致敬呢？5 月 13 日，欧阳蓓蓓老师举办的那场中国古诗词艺术歌曲音乐会我参加了，虽然只是在排练厅里举行，但同学们用心用情通过音乐的方式来演绎我国历史上的诗词作品，令我印象深刻。活动充分体现出我们学校进行经典诵读，传承中华文明的一种教育实践。6 月 1 日，魏明海校长接受南方日报的专访，介绍学校人才培养，打造信息技术、工程技术、经济管理和师范教育四大类一流专业方阵，充分显示我校进行高水平大学建设冲击一流专业建设的人才培养的特色。韩冬雪老师是一位优秀的青年学者，现在是化学化工学院的院长，也是基层党支部书记“双带头人”，并于 7 月 1 日成为建党百年广州市百名优秀共产党员中教育科研战线上的代表，发出了“把科研论文写在祖国大地上，为党育才，科技报国”的庄严誓言。赵楠楠老师是马克思主义学院的一名老师，我参加马克思主义学院的活动时听过赵老师的发言，对她 8 月 5 日获得广东省大中小学思政课一体化教学展示交流活动评比一等奖的成绩感到十分高兴。我校思政课和课程思政的建设中有一批十分优秀的老师。9 月 10 日，章典教授领衔的国际团队在高水平期刊 *Science Bulletin* 在线登载题为“Earliest parietal art：hominin hand and foot traces from the middle Pleistocene of Tibet”的文章。章典教授是一位老教授，至今还奋战在科研一线，我经常在学校食堂吃饭时碰见他。章老师和他的团队在西藏邱桑温泉发现的古人类手脚印，也是迄今为止世界范围内发现最早的古人类艺术遗迹，入选 2021 年世界十大考古发现，这是由全球最权威的考古学术期刊《考古》杂志评出的。我很好奇那块距今 16.9～22.6 万年的“岩面艺术”的两个小孩的手脚印到底隐藏着这些人类祖宗们的多少秘密。因为 9 月 10 日是教师节，《我们的大学》同时还记录了这一天其他的几件事情：包括宋丹霞、谢洪明 2 位老师的管理案例首次入选“全国百优案例”，刘翠红老师获 2021 年“南粤优秀教师”荣誉称号，纪德君、丁云飞、王满四 3 位教授获第十届广东省高等学校教学名师奖。还有就是《广州日报》报道了对我和魏校长的专访。我清楚记得这篇专访形成的经过：当我们向市委报告广州大学办学取得的新进步后，市委宣传部主要领导专门交代《广州日报》教师节宣传报道广州大学，于是就有了这篇题为《高水平大学建设　广州大学跑出“加速度”》的专访。10月1日，赵中源教授获中宣部“优秀理论宣讲报告”表彰。2021年是中国共产党建党一百周年，马克思主义学院赵中源院长的论文《百年淬炼铸就大党风范》成为中宣部《庆祝中国共产党成立100周年理论研讨会论文集》百篇论文之一，他本来是受邀参加“七一”建党百年庆祝大会，在天安门城楼观礼的，后来因为广州的疫情没有去成。同时我校少数民族教育先进工作者李敏老师也获得了邀请，也因为疫情没能成行。虽然没能成行，但依然是广州大学的好老师。张新长老师是国际欧亚科学院院士、我校地理科学与遥感学院的教授。他作为主要参与者完成的《智能化地图综合与多尺度级联更新关键技术及应用》荣获国家科技进步二等奖，11月3日到北京人民大会堂领奖。看到张老师在人民大会堂前广场上拿着获奖证书的留影，我祝贺张老师，同时也期盼今后有更多的老师能够到人民大会堂去领奖。12月1日，化学化工学院郑李垚副教授团队以“Synthesis of functionalized diarylbenzofurans via Ru-catalyzed C-H activation and cyclization under air：rapid access to the polycyclic scaffold of diptoindonesin G”为题在 *Organic Chemistry Frontiers* 上发表文章，还被编辑推荐作为封面文章展示。郑老师我不认识，不过我相信他和他的团队都很优秀。2022年2月22日，我校因为发生有同学成为疫情密接者，全校按要求实施临时管控，当天进了学校的老师们都回不了家。化学化工学院的周海兵书记后来告诉我，一管控才发现他们学院的老师是如此优秀，那天全院120名老师都泡在学校的实验室和办公室里，平时都没留心有多少老师在，这次一清点人数，发现竟如此整齐。我相信这整齐的队伍里一定也有郑老师团队的成员。

逐个将十二则故事的内容罗列一遍，我心中的想法是，即使是这样随机地抽取，我们仍然可以看到广大师者的风貌是如此饱满。我相信大家仔细来看这四百多则广大教师的故事，会比我有更深的感受。我们应该把老师们更多的故事片段记录下来，即使是“速写”，也留下了大学故事的踪迹。我想这一定是有价值的。

去年教师节后不久，我们就考虑出台一个关于广州大学教师的荣誉体系建设方面的文件。后来几经讨论修改，形成了《广州大学教职工荣誉体系实施办法》，近期也作为学校文件下发了。文件最初起草时，重点放在了一种金字塔式的竞争选拔体系的建设，我和大家商量是不是需要换个思路。这个荣誉体系的建设，更多的是要关注到如何面向全体教职工，让每一个教职工都能在这个荣誉体系中坚守我们的神圣，留下自己的荣光。

习近平总书记不久前到中国人民大学考察时强调，“好的学校特色各不相同，但有一个共同特点，都有一支优秀教师队伍”。我想这不仅仅只是就中国人民大学而言，我们广州大学也应该成为一所具有自己特色的好学校，也应该拥有一支优秀的教师队伍。《我们的大学》中的教师故事表明，传道授业解惑，做“经师”和“人师”相统一的大先生也正是我们不断追求和不断靠近的目标。

最后我在这里还要特别说一句，2021 年我们有 169 位新同事加入广州大学，学校真诚欢迎各位的到来；还有 44 位同事因为年龄的缘故荣休了，学校衷心感谢各位的付出。

是为序。

屈哨兵

2022 年 5 月

# 目　录

## 二月

## 三月

## 四月

## 五月

## 六月

## 七月

## 八月

## 九月

## 十月

## 十一月

## 十二月

# 我们的大学

January　一月

## 1 月 1 日　刘瑾、刘惠明、郎逸峰 3 位老师带领学生在白云国际机场奏响新年乐章

1 月 1 日，为庆祝建党 100 周年，纪念党的丰功伟绩，营造浓厚热烈的新年节庆氛围，培养学生爱国爱党情怀，我校音乐舞蹈学院携手广州白云国际机场二号航站区管理有限公司和广州珠江恺撒堡钢琴有限公司，在广州白云机场二号航站楼天空舞台举办了一场以“琴心向党 · 让爱飞翔”为主题的新年音乐会，并面向全球进行了直播。

音乐舞蹈学院刘瑾院长和刘惠明副教授、郎逸峰博士带领学生以精湛的专业表演和饱满的艺术热情为来往的国内外旅客朋友们献上了一场精彩纷呈的音乐会。

（供稿：音乐舞蹈学院）

## 1 月 1 日　樊军辉教授获批科技部国际合作交流项目

1 月 1 日，物理与材料科学学院樊军辉教授获批科技部国际合作司 2020—2022 年度中国与保加利亚科技人员交流项目。该项目全国共立 15 项，樊军辉教授获批的是广东省唯一获批的项目。本次的交流项目是中国与保加利亚政府间科技合作委员会第 17 届会议项目。

（供稿：物理与材料科学学院）

## 1月3日　张灵敏老师指导学生拍摄的扶贫纪录片《走进》获第十一届全市党员教育电视片观摩交流活动三等奖

1 月 3 日，中共广州市委组织部开展第十一届全市党员教育电视片观摩交流活动，新闻与传播学院张灵敏老师指导学生拍摄的扶贫纪录片作品《走进》顺利入围，斩获三等奖。扶贫纪录片《走进》采用实地调查、出镜报道和数据可视化的多元形式，向社会公众讲述了梅州湖中村扶贫工作队与湖中村村民一起奋斗、努力脱贫致富的故事，由 2020 年新闻与传播学院部校共建暑期社会实践梅州湖中村分队学生成员制作，前期拍摄和后期制作一共花费近 30 天时间。

（供稿：新闻与传播学院）

## 1月7日　刘玉萍、李云宁老师指导学生参加全国港澳台大学生中华文化知识大赛获三等奖

1 月 7 日，由教育部委托复旦大学举办的全国港澳台大学生中华文化知识大赛圆满落幕。其中，我校由刘玉萍老师、李云宁老师指导播音专业孙国山、陈碧霞等学生组成的代表队，从全国 110 所高校历时四个月的激烈角逐中脱颖而出，在决赛上与北京大学、西南大学、中央戏剧学院等 20 所高校展开较量，最终凭借朗诵作品《岭南》获总决赛三等奖。

（供稿：新闻与传播学院）

**1月7日　徐凌、王霞、张庆鹏3位老师获评“广州大学课程思政优秀教师”**

1 月 7 日，学校召开 2020 年课程思政建设工作总结与经验交流会。公共管理学院党委书记刘向晖受邀做大会交流发言。徐凌、王霞、张庆鹏 3 位老师获评“广州大学课程思政优秀教师”，受到表彰。

（供稿：公共管理学院）

## 1 月 8 日　李进、王锋 2 位教授牵头承担的项目获批国家重点研发计划项目

根据科技部 2020 年立项结果显示，我校获批两项经费超千万的国家重点研发计划项目，分别是人工智能与区块链研究院李进教授牵头承担的项目“面向区块链关键机制的安全分析与增强技术”，以及物理与材料科学学院王锋教授团队的项目“低频射电干涉阵列的高精度校准方法”。这也是我校继 2017、2018、2019 年连续三年获批国家重点研发计划项目以来，又一次获批国家重点研发计划项目。

（供稿：宣传部、物理与材料科学学院）

## 1 月 8 日　屈哨兵教授主持的教育部重大课题攻关项目“中华优秀传统文化在语文教材中的传承研究与数据库建设”开题

1 月 8 日，由屈哨兵教授主持的教育部哲学社会科学研究重大课题攻关项目“中华优秀传统文化在语文教材中的传承研究与数据库建设”开题论证会在我校顺利举行。该项目是我校在教育部哲学社会科学研究重大攻关项目申报上的历史性突破。项目首席专家为屈哨兵教授，研究团队以人文学院教师为主力，同时汇聚了校内其他部门和校外单位语言学、文学、语文教育、信息技术等多领域专家和学术骨干近 30 人，通过多学科协同创新，提升项目研究水平。

（供稿：人文学院）

## 1月8日　王满四教授受邀在第三届全国高校校企协同创新育人高峰论坛上做主题分享

1月8日至9日，第三届全国高校校企协同创新育人高峰论坛在珠海科技学院举办。论坛围绕谋新局、开新篇、创新课和大赛经验交流四大主题，九大

分主题报告、八个 TED 极速分享、三个金奖经验分享、两个赋能工具发布和一场圆桌论坛，进行了双创教育思想的碰撞和交流。我校创新创业学院院长王满四教授受邀在论坛上做主题报告。报告围绕“个人指导经历及其推论”“指导内生及外生动力”“指导具体做法”以及“经验清单”四个方面分享“如何做‘互联网+’大赛金奖指导教师”。

（供稿：创新创业学院）

## 1 月 8 日　贾士军教授主持的项目荣获“2020 年度华夏建设科学技术奖”三等奖

管理学院工程管理系贾士军教授荣获“2020 年度华夏建设科学技术奖”三等奖。本次获奖项目为“大数据驱动的房地产租赁价格评估与管理服务关键技术及应用”。该项目由贾士军教授主持，参与单位包括广州市房地产租赁管理所、广州大学、大连理工大学、广州市华南自然资源科技研究院、广州和辰信息科技有限公司 5 家机构。

（供稿：科研处）

## 1 月 9 日至 12 日　马颖老师参加 2021 AAPT Virtual Winter Meeting 并张贴海报

受新冠疫情影响，美国物理教师协会（AAPT）2021 年春季学术会议改为线上会议。物理与材料科学学院马颖副教授作为会员向会议提交了张贴报告，并于 2021 年 1 月 9 日至 12 日（美东时间）参会并展示报告，与来自世界各地的参会者在线交流。马颖老师的张贴报告摘要刊登于会议摘要第 2 页。

A1.1-04 | Re-development in Physics Experiment Teaching Using Simulation Based on PhET
**Presenting Authors |** *Ma Ying, School of Physics and Materials Science, Guangzhou University, Xie jing Hong, School of Physics and Materials Science, Guangzhou University*

Virtual or simulating experiments are developed and introduced by many organizations to enrich physics experiments within and beyond classrooms. Yet in the rural areas where resources are limits both physics experiment instruments and internet connection, teachers find it difficult to integrate experiments into classroom teaching activities. We analyzed the roles and current situations of simulating experiments in high school physics teaching in China. Evaluated several current running physics experiment simulation software packages. We found PhET is suitable for redeveloping and integrating into an off-line running package, which will benefit experiment teaching in rural areas where internet coverage is poor. The paper presents the approaches of redeveloping. For the sake of generality, we use Java language and HTML language for programming, and use HTML5 technique to integrate the experiments into an off-line running package. Successful on-the-site running shows the feasibility and applicability of redeveloping PhET simulation experiment for physics experiment teaching.

A1.1-05 Shaping Light in Time and Space
***Presenting Author |** Gabriel Spalding, Illinois Wesleyan University*

Partnerships between our professional organizations and manufacturers are making it much more affordable to bring spatial light modulators (SLMs) into undergraduates' hands. SLMs are one way to shape light, in space or in time, making possible programmable dynamic holograms that actually have corporeal substance, and can play a role in faster-than-light imaging, as well as the use of entangled photon pairs (which cannot really be described as individual particles), such that the photons incident upon the detecting camera have never interacted with the object successfully imaged(which is called "ghost imaging," in reference to Einstein's concern over "spooky action at a distance"); this "spooky" result is achieved by exploiting correlations that are required by conservation of energy & momentum. —Observed phenomena of these sorts prompt students to revise their mental model of what a "particle" is!

**A1.02 | Effective Practices in Educational Technology**
January 9, 2021 | 12:00 PM - 1:15 PM
**Sponsor:** *Committee on Educational Technologies*

A1.2-01 | Mechanism of a Water Drinking Bird, Thermodynamics and Irreversible Thermodynamics
***Presenting Author |** Hiroshi Ulchi, Osaka Gakuin University*
*Additional Author | Lisa Ulchi, University of California, Los Angeles*
*Additional Author | Schun Uechi T, KPMG Ignition Tokyo. Data Tech*

A drinking bird (DB) also known as dunking bird or dipping bird is an interesting and amusing toy, swinging back-and-forth like a simple pendulum. But the drinking bird is an excellent experimental toy for thermodynamics in physics. The field of thermodynamics explains about mechanism of work, heat and energy, temperature, pressure and volume. These quantities are working in everywhere in nature, our daily life, engineering technologies, etc., and a drinking bird is often called a heat engine. It changes heat flows into work very efficiently. So, the drinking bird makes a perfect experimental device for understanding theory of heat and energy (thermodynamics). DB's mechanical and thermomechanical motion can explain theories and laws of thermodynamics and irreversible thermodynamics.

（供稿：物理与材料科学学院）

## 1 月 14 日　姚睿老师“影视剧本创作”课程被认定为 2020 年度广东省一流本科课程

1 月 14 日，广东省教育厅公布了 2020 年度省级一流本科课程的认定结果，我校新闻与传播学院姚睿老师的“影视剧本创作”线下课程被认定为 2020 年度广东省一流本科课程。“影视剧本创作”课程由姚睿负责，喻彬和邹鹃薇等人担任骨干，以马克思主义文艺观、中国特色社会主义核心价值观为中心理念，以优秀影片内容转化为途径，以艺术心理培养、提高写作和鉴赏能力、增强教学互动等为主线。

（供稿：新闻与传播学院）

## 1 月 14 日　陈潭等 4 位教授获聘广州学者特聘岗位

1 月 14 日下午，广州大学第二期教师特聘岗位聘任仪式在大学城校区举行。其中，公共管理学院陈潭教授获聘广州学者卓越特聘教授，周利敏教授、谢颖教授获聘广州学者特聘教授（B 岗），刘建义副教授获聘广州学者青年拔尖人才。

（供稿：公共管理学院）

## 1 月 15 日　董石桃教授咨政报告获中央领导批示

1 月 15 日，公共管理学院教授、广州廉政建设研究中心副主任董石桃报送的决策咨询报告《防控农村新一轮疫情暴发的几点建议》获得了中央领导和广东省委主要领导批示。

（供稿：公共管理学院）

## 1月15日　学校举行专家、劳模、高层次人才新春慰问活动

1月15日，我校举行2021年专家、劳模、高层次人才新春慰问座谈会，院士，国家杰青、优青，中科院百人计划、青年长江、万人计划、百千万人才工程、新世纪优秀人才计划等人才项目的入选者，政府特殊津贴专家，二级教授，省、市劳模等50余位校内高层次人才齐聚一堂庆贺新春。音乐舞蹈学院王洪涛副教授、欧阳铭芮老师在活动现场演唱《把一切献给党》《幸福中国一起走》。校领导屈哨兵书记、魏明海校长、周云副校长、孙延明副校长、张其学副校长参加了慰问活动。

（供稿：宣传部）

## 1月15日　胡艳芝、陈楚敏2位老师荣获广东高等学校党的建设研究会2020年党建研究课题立项

1月15日，教育学院（师范学院）胡艳芝副书记申报的“运用‘智慧党建’创新高校党员教育管理新模式——基于SWOT分析法的研究”、人文学院陈楚敏老师申报的“新时代高校二级分党校教育培训模式的探索和优化——

以广州大学人文学院分党校‘1+5’模式建设为例”两个项目获广东高等学校党的建设研究会2020年党建研究课题立项。

（供稿：党委组织部、教育学院）

## 1月16日　张河清教授国家自然科学基金结题项目获评优

### 通　知

广州大学科研处：

兹有贵单位张河清承担的国家自然科学基金项目“民族传统聚落‘文化与生态基因信息图谱’建模及应用研究——以湘黔桂省际边界侗族旅游村寨为例”（批准号：71473051），在国家自然科学基金委员会管理科学部组织的结题项目绩效评估会上，被评为优。

请将评议结果通知项目承担人。

特此通知！

国家自然科学基金委员会
管理科学部
2021.01.18

1月16日，由管理学院张河清教授主持完成的国家自然科学基金项目“民族传统聚落‘文化与生态基因信息图谱’建模及应用研究——以湘黔桂省际边界侗族旅游村寨为例”（批准号：71473051），在国家自然科学基金委员会管理科学部组织的结题项目绩效评估会上被评为优。张河清教授团队在承担此项目过程中，共在国内外学术期刊发表研究论文56篇，其中SCI/SSCI/CSSCI/EI收录17篇，出版学术专著2部，获得省部级科研奖励2项，1篇研究报告获广东省副省长批示，依托本项目培养了博士研究生2名（在读）、硕士研究生5名（已毕业），取得了丰硕的教学科研成果。

（供稿：管理学院）

## 1月20日　林媚珍等86位老师负责的课程思政案例获奖

1月20日，广东省本科高校文化素质教育指导委员会公布了2020年课程思政优秀案例评选结果，我校林媚珍等86位老师负责的课程思政案例（共71项）获奖，总数位居广东省高校首位。其中，13项案例获一等奖，58项案例获二等奖。获奖名单如下：

| 序号 | 案例名称 | 课程名称 | 课程负责人 | 获奖等级 |
|---|---|---|---|---|
| 1 | 全球环境问题——气候变化 | 环境学概论 | 林媚珍 | 一等奖 |
| 2 | 人类命运共同体思想在国际法教学中的融入——以国际法基本原则的教学为例 | 国际法学 | 彭心倩 | 一等奖 |
| 3 | “绿水青山就是金山银山”重要发展理念教育 | 旅游资源管理 | 蓝力民 | 一等奖 |
| 4 | “环境工程学”课程思政的教学实践与探索 | 环境工程学 | 彭燕、黄晓武 | 一等奖 |
| 5 | 重学、重情——疫情背景下“新老结对”共筑在线“环境生物学”课程思政 | 环境生物学 | 王剑桥、崔明超 | 一等奖 |
| 6 | 建筑结构选型与工程伦理 | 建筑结构与选型 | 张超 | 一等奖 |
| 7 | 立德树人，思政为先——“生化工程”融入课程思政的教学设计 | 生化工程 | 桂林 | 一等奖 |
| 8 | 高等数学（经管类）课程思政教学案例设计 | 高等数学Ⅱ | 冯永平 | 一等奖 |
| 9 | 以古鉴今：“世界文明史”融入爱国思政元素教学实践 | 世界文明史 | 刘春杰 | 一等奖 |
| 10 | 用科学精神和爱国主义引领“原子物理学”课程思政建设 | 原子物理学 | 皮飞鹏 | 一等奖 |

（续上表）

| 序号 | 案例名称 | 课程名称 | 课程负责人 | 获奖等级 |
| --- | --- | --- | --- | --- |
| 11 | “国家战略·双轮驱动”：“媒介经营与管理”课程思政的创新底色 | 媒介经营与管理 | 刘涛 | 一等奖 |
| 12 | 经典诵读与智慧人生——“朗诵与演讲艺术”课程思政 | 朗诵与演讲艺术 | 张爱凤 | 一等奖 |
| 13 | 春雨润物，思政濡史——“中国园林史”课程中的思政融合 | 中国园林史 | 徐瑾 | 一等奖 |
| 14 | 国道318——中国人的景观大道 | 中国地理 | 李文翎 | 二等奖 |
| 15 | 国情教育、科学精神与职业素养培养——刑事诉讼证明标准教学中的思政融合 | 刑事诉讼法学 | 段陆平 | 二等奖 |
| 16 | 课程思政走进环境与自然资源保护法课程建设 | 环境与资源保护法 | 李昕 | 二等奖 |
| 17 | “城市发展战略与规划”课程教学中的思政融入 | 城市发展战略与规划 | 王枫云 | 二等奖 |
| 18 | 融入精准扶贫思政资源的公文写作课程教学 | 公文写作 | 蒋红军 | 二等奖 |
| 19 | 思政引领下知识性与价值性统一的专业课程课堂——以中级财务会计为例 | 中级财务会计 | 彭惠 | 二等奖 |
| 20 | 中国特色社会主义旅游经济学 | 旅游经济学 | 肖佑兴 | 二等奖 |
| 21 | “企业社会责任”与“可持续发展”理念在生产运作管理中的运用 | 生产运作管理 | 田泉 | 二等奖 |
| 22 | 我国宏观经济政策实践充分展现中国特色社会主义的优势 | 经济学原理 | 杨铭德 | 二等奖 |
| 23 | 固体结构与性质 | 无机化学 | 林奕勇 | 二等奖 |
| 24 | 化工专业概论课程思政教学与实践——传承文化，不辱使命，开拓创新，化工强国 | 专业概论 | 毛桃嫣 | 二等奖 |

（续上表）

| 序号 | 案例名称 | 课程名称 | 课程负责人 | 获奖等级 |
| --- | --- | --- | --- | --- |
| 25 | 以人为本，打造有温度有深度的化学反应工程课程 | 化学反应工程 | 邹汉波 | 二等奖 |
| 26 | 建筑施工图及一个虚拟的施工现场介绍 | 设计初步 I | 黄莉 | 二等奖 |
| 27 | 用心育技术化德育内容如春日暖阳，强“文化自信”——基于“犯罪心理学”的课程思政探索 | 犯罪心理学 | 陈丽娜 | 二等奖 |
| 28 | 以时事新闻为眼，培养顺应时代“趋势”，博览全球、纵古通今的金融人才 | 证券投资学 | 范娜 | 二等奖 |
| 29 | 机械创新与发明：多屏幕法 | 机械创新与发明 | 刘征 | 二等奖 |
| 30 | 细胞工程课程思政教学改革及实践 | 细胞工程 | 姚焱 | 二等奖 |
| 31 | 概率论与数理统计课程思政教学案例设计——均匀分布与指数分布 | 概率论与数理统计 | 麦红 | 二等奖 |
| 32 | 构建健康舒适室内外环境——“通风工程”课程思政立体教学模式探索 | 通风工程 | 唐兰 | 二等奖 |
| 33 | “工程技术经济”课程思政教学实践 | 工程技术经济 | 潘楚东 | 二等奖 |
| 34 | “桥梁工程”课程思政教育教学的实践探索 | 桥梁工程 | 周军勇、曹飒飒 | 二等奖 |
| 35 | 工程地质学思政教学案例 | 工程地质学 | 胡永强 | 二等奖 |
| 36 | 工程地质学思政教学案例 | 工程地质学 | 罗威力 | 二等奖 |
| 37 | 土木工程施工思政教育案例 | 土木工程施工 | 李亚东 | 二等奖 |
| 38 | 科技论文写作之把论文写在祖国大地上 | 市政工程 | 瞿芳术 | 二等奖 |
| 39 | 课程思政课堂——梁的合理设计 | 工程力学 | 梁颖晶 | 二等奖 |
| 40 | 土木人的责任心和爱国心如何体现在具体工程案例中 | 土木工程与人类社会 | 王娇、张超 | 二等奖 |

（续上表）

| 序号 | 案例名称 | 课程名称 | 课程负责人 | 获奖等级 |
|---|---|---|---|---|
| 41 | 走向对话：课程思政融入外语课程的路径——以“日语阅读”为例 | 日语阅读 2 | 欧丽贤 | 二等奖 |
| 42 | “普通物理 1”中的课程思政渗透 | 普通物理 1 | 黄峰 | 二等奖 |
| 43 | 《创新审美教育，厚植家国情怀》 | 有声读物演播与配音 | 许莹冰 | 二等奖 |
| 44 | 活性 · 弹性 · 柔性——“新媒体传播”课程中的思想教育 | 新媒体传播 | 刘雪梅 | 二等奖 |
| 45 | 理论自信、道路自信与新闻学的深度表达 | 新闻学概论 | 郭秦 | 二等奖 |
| 46 | 致敬经典　红色传承——合唱《我的祖国》 | 合唱艺术理论与表演 | 弓丽 | 二等奖 |
| 47 | 将思政融入舞蹈课堂——使思政拥有“艺术范儿” | 舞蹈基本功训练 | 佟树声 | 二等奖 |
| 48 | “中国民族音乐”课程中人文精神和红色文化 | 中国民族音乐 | 屠金梅 | 二等奖 |
| 49 | 中国扶贫密码 | 中国扶贫密码 | 谢治菊、蒋红军、李强、王洁 | 二等奖 |
| 50 | 自然地理专业课融入思政元素的三层次教学模式构建 | 综合自然地理学 | 陈小梅 | 二等奖 |
| 51 | 基于自主可控软件的地理信息系统开发教学 | 地理信息系统开发（GIS 设计与开发） | 赵冠伟 | 二等奖 |
| 52 | 在基本理论讲授中融入“三观”教育诠释新发展理念 | 知识产权法学 | 杨淑霞 | 二等奖 |
| 53 | 政治文化与政治认同：“一国两制”的硬核与情怀 | 政治学原理 | 王霞 | 二等奖 |

（续上表）

| 序号 | 案例名称 | 课程名称 | 课程负责人 | 获奖等级 |
| --- | --- | --- | --- | --- |
| 54 | 法语精读 | 法语精读 | 王锐、徐倩、曾伽、吴静 | 二等奖 |
| 55 | “管理心理学”课程思政教学案例 | 管理心理学 | 史丽华 | 二等奖 |
| 56 | “疫情”下的有机化学课程思政教育实践与探索 | 有机化学 | 何芝洲 | 二等奖 |
| 57 | 健康生活通识课课程思政 | 健康生活：日常生活中的污染识别和预防 | 吴启航 | 二等奖 |
| 58 | 夯实双基助力知识与意识腾飞 | 环境工程设计基础 | 张发根 | 二等奖 |
| 59 | 基于立德树人为目标的课程思政——新时代环保机械与设备课程思政元素的挖掘与实践 | 环保机械与设备 | 孔令军 | 二等奖 |
| 60 | 全程渗透“美知·美行·美省”活动　促进学生优良品德的提升——基于“教师职业道德规范”课程的思政探索 | 教师职业道德规范 | 雷晓云 | 二等奖 |
| 61 | 当代青年人的金融意识 | 金融学 | 钟云燕 | 二等奖 |
| 62 | 学好水分析化学　护家乡绿水青山 | 水分析化学 | 周鸿 | 二等奖 |
| 63 | 案例——连通技术、艺术和思政的桥梁 | 桥梁美学 | 饶瑞、刘爱荣 | 二等奖 |
| 64 | 供热工程——民心工程 | 供热工程 | 朱赤晖 | 二等奖 |
| 65 | 我国电子学家与模拟电子技术 | 模拟电子技术 | 郑艳华 | 二等奖 |
| 66 | “能量”——运动的一般等价物，“理论力学” | 理论力学 | 刘怡 | 二等奖 |
| 67 | “馆课融合”模式下的播音专业课程思政 | 即兴口语表达 | 曾岑 | 二等奖 |

（续上表）

| 序号 | 案例名称 | 课程名称 | 课程负责人 | 获奖等级 |
|---|---|---|---|---|
| 68 | 聆听中华优秀传统音乐、培养学生深厚的家国情怀 | 带你听懂中国传统音乐 | 刘瑾、张艳、潘妍娜、刘茜、屠金梅 | 二等奖 |
| 69 | 《我爱这土地》 | 声乐 2 | 高颜仙 | 二等奖 |
| 70 | 核心素养与音乐学科核心素养 | 学校音乐教育导论与教材教法 | 韩若晨 | 二等奖 |
| 71 | 中国钢琴作品《浏阳河》 | 钢琴 | 唐馨 | 二等奖 |

为深入贯彻习近平总书记在学校思想政治理论课教师座谈会上的重要讲话精神及全国、全省教育大会精神，落实教育部《高等学校课程思政建设指导纲要》，学校出台了《广州大学课程思政建设实施方案（试行）》，将课程思政建设作为全面落实立德树人根本任务的重要抓手，组建了学校课程思政研究与实践中心，深入推进“课程思政”建设。现已立项建设了一批课程思政示范学院、示范专业、示范课程、示范课堂，召开了课程思政建设工作总结与经验交流会，评选表彰了一批课程思政优秀案例与优秀教师，初步构建了课程思政建设的“5＋N”模式及教育教学联动体系，教师课程思政建设的意识和能力显著提升。

（供稿：教务处）

## 1月24日　尹杭、方建平2位老师指导学生参加2020年“读懂中国”活动，获评最佳短视频

1月24日，在学校关工委、离退休工作处的大力支持下，我校新闻与传播学院尹杭老师、方建平副书记指导陈思达、曹璇、颜璐、卢珮瑄4位同学，参与访谈我校周福霖院士的短视频《立志奉献，一生坚持》在教育部关工委主办的2020年“读懂中国”活动中被评为最佳短视频。获奖视频从不同的角

度讲述了我校周福霖院士一生宏愿只为抗震，把个人的理想信念和追求以及对祖国和人民深沉的爱化作报效祖国和人民的实际行动的故事。

（供稿：新闻与传播学院）

## 1 月 25 日　谢建社教授在 *Journal of Ambient Intelligence and Humanized Computing* 发表研究成果

1 月 25 日，公共管理学院谢建社教授在国际期刊 *Journal of Ambient Intelligence and Humanized Computing* 上发表论文，该期刊涵盖了技术、安全、社会、物理、政治、艺术和经济等内容。文章探讨了意见挖掘在在线讲座或课程推荐中分解查询/问题信息的可能性。

（供稿：科研处）

## 1 月 28 日　叶浩生等 7 位老师负责的课程获省级系列在线开放课程立项

近日，广东省教育厅印发了《广东省教育厅关于公布 2020 年度省级系列在线开放课程立项建设名单的通知》（粤教高函〔2021〕3 号）。我校叶浩生等 7 位老师负责的课程获批立项，立项数量居全省高校第 3 位，名单如下：

| 序号 | 课程名称 | 课程负责人 | 所属学院 |
|---|---|---|---|
| 1 | 心理学史 | 叶浩生 | 教育学院 |
| 2 | 土木工程结构抗震 | 周云 | 土木工程学院 |
| 3 | 土木工程施工 | 童华炜 | 土木工程学院 |
| 4 | 数控技术 | 张春良 | 机械与电气工程学院 |
| 5 | 物流系统分析与设计 | 黄祖庆 | 管理学院 |
| 6 | 冷链物流 | 邹毅峰 | 管理学院 |
| 7 | 传播学概论 | 李春雷 | 新闻与传播学院 |

据了解，广东省自 2018 年起着手建设系列在线开放课程，系列在线开放课程采用合作共建的方式，整合全省优质师资和教学资源，组建高水平跨校课程团队，力求建设体系优、质量高、受益面广的广东特色在线开放课程群。

近年来，我校着力推进在线开放课程建设，强化现代信息技术与教育教学的深度融合，创新教与学模式，提升本科课程的高阶性、创新性和挑战度，着力打造线上一流课程和线上线下混合式一流课程，现已获批多门国家级、省级优质课程。

（供稿：教务处）

# 我们的大学

February　二月

## 2 月 1 日　陈万鹏老师作题为“一片丹心向朝阳，在关心下一代工作的舞台上发光发热”的专题宣讲报告

2 月 1 日上午，广州市老干部党校通过“腾讯课堂”“广州市离退休干部智慧服务管理系统”等网络平台举办了第 7 期红枫讲坛，邀请 2020 年全国关心下一代工作先进工作者、市关工委第一副主任、广州大学关工委顾问陈万鹏同志作题为“一片丹心向朝阳，在关心下一代工作的舞台上发光发热”的专题宣讲报告。全市离退休干部党员 500 余人在线参加了学习。

（供稿：离退休工作处）

## 2 月 2 日　陈潭教授一行赴广州力麒智能公司调研智慧政务终端装备

2 月 2 日上午，全国信息公开与政务服务研究会副秘书长、广东省数字政府改革建设专家委员会委员、广州大学公共管理学院院长陈潭教授一行五人应邀赴广州市黄埔区广州力麒智能科技有限公司开展智慧政务终端装备生产情况的系列调研。

（供稿：公共管理学院）

## 2月2日　哈迎飞等12位老师负责的课程思政建设改革示范项目获批

2月2日，广东省教育厅发布《关于公布2020年度课程思政建设改革示范项目认定结果的通知》（粤高教函〔2021〕4号），我校哈迎飞等12位老师申报的12个课程思政建设改革示范项目全部获批。其中，含课程思政示范团队3个、课程思政示范课程5门、课程思政示范课堂4个。我校课程思政示范课程同时被认定为省级一流本科课程。具体项目名单如下：

| 序号 | 项目名称 | 项目类别 | 所属学院 | 项目负责人 |
|---|---|---|---|---|
| 1 | 文学经典教育课程教学团队 | 课程思政示范团队 | 人文学院 | 哈迎飞 |
| 2 | 建筑环境与能源应用工程专业核心课程教学团队 | 课程思政示范团队 | 土木工程学院 | 丁云飞 |
| 3 | 扶贫资源课程教学团队 | 课程思政示范团队 | 公共管理学院 | 谢治菊 |
| 4 | 城市发展战略与规划 | 课程思政示范课程 | 公共管理学院 | 王枫云 |

（续上表）

| 序号 | 项目名称 | 项目类别 | 所属学院 | 项目负责人 |
|---|---|---|---|---|
| 5 | 建筑施工技术 | 课程思政示范课程 | 管理学院（中法旅游学院） | 王学通 |
| 6 | 环境监测实验Ⅰ | 课程思政示范课程 | 环境科学与工程学院 | 宋刚 |
| 7 | 朗诵与演讲艺术 | 课程思政示范课程 | 新闻与传播学院 | 张爱凤 |
| 8 | 数学分析 | 课程思政示范课程 | 数学与信息科学学院 | 王友德 |
| 9 | 城市规划方法论（东西方城市发展和思维特征的比较） | 课程思政示范课堂 | 建筑与城市规划学院 | 戚路辉 |
| 10 | 机械创新与发明第四章 | 课程思政示范课堂 | 机械与电气工程学院 | 刘征 |
| 11 | 刑事诉讼法学（证明标准） | 课程思政示范课堂 | 法学院（律师学院） | 段陆平 |
| 12 | 媒介经营与管理第三章第三节 | 课程思政示范课堂 | 新闻与传播学院 | 刘涛 |

课程思政建设改革示范项目的认定旨在打造一批课程思政示范课程和示范课堂，选树一批课程思政优秀教师和教学团队，通过先进典型的示范引领，发挥教师队伍“主力军”、课程建设“主战场”、课堂教学“主渠道”的作用，助力全面落实高校立德树人根本任务，将课程思政建设要求内化到课程设计、教学内容、课堂讲授、课程考核、课程评价等各方面、各环节，从而促进专业教育和思政教育的深度融合，知识传授和价值引领的有机统一，有效提升专业课程任课教师课程思政建设的意识和能力。

（供稿：教务处）

## 2月4日　韩冬雪教授团队最新研究成果获 *Nature Sustainability* 等国际期刊连续报道

化学与化工学院分析科学技术研究中心（Centre for Advanced Analytical

Science，CAAS）韩冬雪教授团队近期探索建立了基于量子尺寸钒酸铋、贵金属负载三氧化钨/氧化锌、氧化亚铜—氮化碳等光催化体系，通过自由基或表面氧原子活性位点机制，将目标产物甲醇或甲醛的选择性提升到 95% 以上，并详细探讨了载流子迁移机制和碳转化路径。相关研究成果发表在 *Nature Sustainability*，*ACS Catalysis*，*Applied Catalysis B：Environmental*，*Journal of Materials Chemistry A* 等国际期刊上，广州大学为该系列工作的第一/第二通讯单位。

（供稿：科研处）

## 2 月 10 日　聂衍刚、杜玉霞 2 位教授领衔的专业入选国家级一流本科专业建设点

2 月 10 日，教育部印发《关于公布 2020 年度国家级和省级一流本科专业建设点名单的通知》，我校聂衍刚教授作为专业负责人申报的“应用心理学”专业和杜玉霞教授作为专业负责人申报的“教育技术学”专业入选 2020 年度国家级一流本科专业建设点。

（供稿：教育学院）

## 2 月 10 日　刘晖教授领衔的“小学教育”专业入选省级一流本科专业建设点

2 月 10 日，教育部印发《关于公布 2020 年度国家级和省级一流本科专业建设点名单的通知》，我校刘晖教授作为专业负责人申报的“小学教育”专业入选 2020 年度省级一流本科专业建设点。

（供稿：教育学院）

## 2 月 16 日　袁红平教授在 *Technovation* 期刊发表研究成果

2 月 16 日，管理学院袁红平教授的最新研究成果发表于管理科学领域国际期刊 *Technovation*，该期刊是 JCR 一区和中科院一区期刊，ABS 三星级期刊，FMS 管理科学高质量国际期刊列表 B 级期刊。论文研究了在消费者对不同技

术产品具有差异化感知的情况下，企业的低碳技术采纳决策行为，为研究企业低碳技术采纳行为提供了一个新的视角。

（供稿：科研处）



## 2月22日　韩冬雪工作室获广东高校第二批“双带头人”教师党支部书记工作室立项

支部书记韩冬雪（左五）荣获2020年广东省测量控制与仪器仪表科学技术奖二等奖

日前，中共广东省委教育工委公布了广东高校第二批“双带头人”教师党支部书记工作室立项名单。本次遴选产生了第二批广东省“双带头人”教师党支部书记工作室培育创建单位42个。我校分析科学技术研究中心党支部韩冬雪工作室成为第二批立项建设的广东省高校“双带头人”教师党支部书记工作室之一。

我校分析科学技术研究中心党支部由国家优秀青年科学基金获得者韩冬雪教授担任支部书记，注重发挥党建引领作用，实现党建与事业发展双融双促。3年来，支部所在团队共获批13项国家级科研项目，发表高质量论文80篇，邀请来自国内外著名高校和科研院所的50余位知名专家学者来校交流；支部聚焦粤港澳大湾区建设与地方经济社会发展，着力打造产学研创新平台，开发多款自主知识产权的电化学仪器设备，研制多款离子传感器、气体传感器，申请多项石墨烯相关专利，中试生产石墨烯材料等，与珠三角多家企业建立了合作关系。

（供稿：宣传部）

## 2月23日　陈龙斌老师在物理学顶级期刊 *Physical Review Letters* 发表部分子分布函数研究成果

近日，我院陈龙斌副教授在国际物理学顶级期刊 *Physical Review Letters* 上发表了题为“Next-to-next-to-leading order calculation of quasiparton distribution functions”的研究成果。陈龙斌与合作者结合格点量子色动力学的计算，在国际上首次得到了模型无关的夸克部分子分布函数。这些结果对于第一性原理出发理解核子内部结构特征有重要的科学意义。

（供稿：物理与材料科学学院）

## 2月23日　孔凡江/刘宝辉团队在大豆光周期现象的遗传机制研究取得重要突破

孔凡江/刘宝辉研究团队多年以来对大豆光周期调控的开花途径进行了长期系统和深入的研究，并取得了一系列进展。近期，团队在 *PNAS* 在线发表了题为“Acritical role of the soybean Evening Complex in the control of photo period sensitivity and adaptation”的研究论文，解析了大豆夜间复合体（Soybean Evening Complex，SEC）调控光周期敏感性与适应性的分子机制。

广州大学分子遗传与进化创新研究中心的博士后步田田、教授芦思佳、博士后王凯和讲师董利东为文章的共同第一作者，教授孔凡江为文章的通讯作者。该研究得到了国家自然科学杰出青年基金、国家自然科学基金青年基金和广东省基础与应用重点项目研究的资助。

（供稿：科研处、生命科学学院）

## 2月24日　张爱凤老师新传师生创作《画疫有声——抗“疫”主题科学传播公益作品集》小册子上线

2月24日，为向大众更好地传播科学防疫知识、弘扬科学精神，广州大学新闻与传播学院师生团队发挥专业所学，制作了《画疫有声——抗“疫”主题科学传播公益作品集》宣传册子。在学院张爱凤老师的带领下，李佩玉、杨子曦、王玉洁三位同学组成了“科学传播轻骑兵”创作团队，按计划制作多种形式的广告作品，积极参与公益广告及设计比赛，并对作品进行多渠道投放展示，向公众普及科学知识，传播科学精神。本宣传册围绕“科学知识”“科学人物”“科学精神”三个主题进行设计和创作，以平面广告、公益音频广告、传染病主题电影影评三种易理解、易传播的形式，对科学传播知识进行详细生动的阐释，呈现对于人与自然相处的反思。

（供稿：新闻与传播学院）

## 2月25日　李少英副教授指导硕士研究生在GIS顶级期刊发表论文

题为“Understanding the modifiable areal unit problem in dockless bike sharin-gusage and exploring the interactive effects of built environment factors”的论文在线发表于*International Journal of Geographical Information Science*（GIS类国际排名第一刊物），本文第一作者为广州大学地理科学与遥感学院2014级地理信息科学专业本科毕业生、2018级地图学与地理信息系统专业在读硕士研究生高枫，通讯作者为李少英副教授。

（供稿：地理科学与遥感学院）

# 我们的大学

March　三月

## 3月1日　宋尧玺老师指导学生在国务院新闻办公室人权事务局指导的征文比赛中获奖

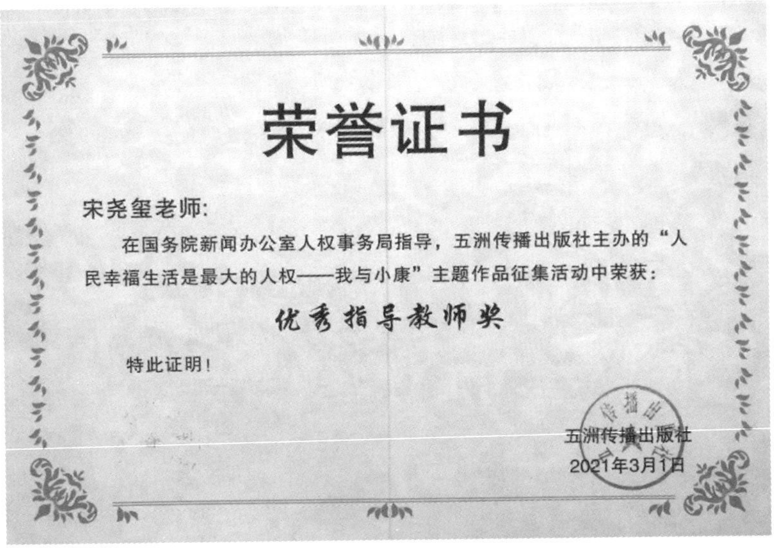

荣誉证书

宋尧玺老师:

在国务院新闻办公室人权事务局指导，五洲传播出版社主办的“人民幸福生活是最大的人权——我与小康”主题作品征集活动中荣获:

优秀指导教师奖

特此证明!

五洲传播出版社
2021年3月1日

3月1日，法学院宋尧玺老师和学生在国务院新闻办公室人权事务局指导，五洲传播出版社主办的“人民幸福生活是最大的人权——我与小康”主题作品征集活动中荣获“优秀组织奖”“优秀指导教师奖”“图片类一、二、三等奖”和“文字类一、二、三等奖”等多个奖项。这是法学院在“立德树人”和教学领域取得的有益成果。

（供稿：法学院）

## 3月4日　张元伟教授在*PNAS*上发表甘氨酸转运体的研究论文

日前，我校生命科学学院生物化学与神经药理学教授张元伟与耶鲁大学教授Rudnick、美国国家卫生研究院高级研究员Forrest从事神经递质转运体结构与机理合作研究的最新研究成果于*PNAS*在线发表。广州大学为本论文的第一完成单位，张元伟教授与Rudnick教授为共同通讯作者。本研究得到美国国立卫生研究院、国家自然科学基金，以及广东省基础与应用基础研究基金项目的资助。

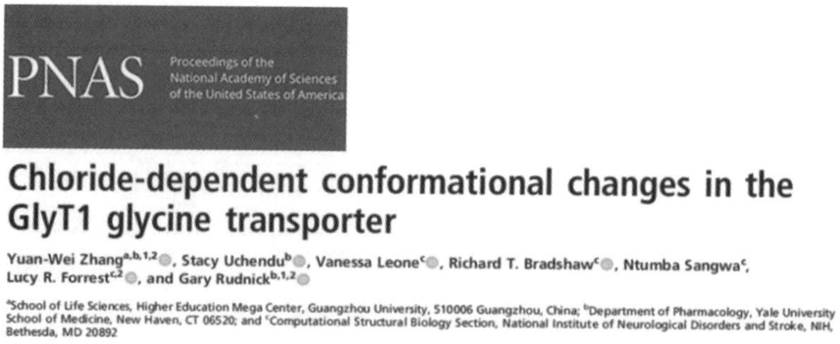

PNAS Proceedings of the National Academy of Sciences of the United States of America

Chloride-dependent conformational changes in the GlyT1 glycine transporter

Yuan-Wei Zhang[a,b,1,2], Stacy Uchendu[b], Vanessa Leone[c], Richard T. Bradshaw[c], Ntumba Sangwa[c], Lucy R. Forrest[c,2], and Gary Rudnick[b,1,2]

[a]School of Life Sciences, Higher Education Mega Center, Guangzhou University, 510006 Guangzhou, China; [b]Department of Pharmacology, Yale University School of Medicine, New Haven, CT 06520; and [c]Computational Structural Biology Section, National Institute of Neurological Disorders and Stroke, NIH, Bethesda, MD 20892

（供稿：科研处、生命科学学院）

## 3 月 4 日　罗福先、杜晶晶老师为黄埔研究生院学子举办“互联网 +”大学生创新创业大赛培训会

3 月 4 日下午，我校黄埔研究生院举办“互联网 +”大学生创新创业大赛培训会。创新创业学院罗福先副院长、杜晶晶老师应邀来院为参赛师生进行培训指导，报名参赛的师生代表到场聆听，培训会由黄斌副院长主持。

会上，杜晶晶老师围绕“大赛背景、历届盛况、项目规则及参赛条件解读、评审规则、奖励机制、优秀项目评判标准、项目开发技巧”七个方面进行了全面深入的解读。

（供稿：黄埔研究生院）

## 3 月 4 日　杨莉课题组在 *Molecular Neurodegeneration* 发文揭示 AD 早期嗅觉异常的机制

Chen *et al. Molecular Neurodegeneration* (2021) 16:14
https://doi.org/10.1186/s13024-021-00434-7
Molecular Neurodegeneration

RESEARCH ARTICLE　Open Access

Check for updates

**Enhancing GABAergic signaling ameliorates aberrant gamma oscillations of olfactory bulb in AD mouse models**

Ming Chen[1,2†], Yunan Chen[3,4†], Qingwei Huo[5†], Lei Wang[1], Shuyi Tan[3], Afzal Misrani[1], Jinxiang Jiang[1], Jian Chen[3], Shiyuan Chen[3], Jiawei Zhang[4], Sidra Tabassum[1], Jichen Wang[6], Xi Chen[3], Cheng Long[3,4] and Li Yang[1*]

**Abstract**
**Background:** Before the deposition of amyloid-beta plaques and the onset of learning memory deficits, patients

3 月 4 日，生命科学学院杨莉课题组在 *Molecular Neurodegeneration* 在线发表了题为“Enhancing GABAergic signaling ameliorates aberrant gamma oscillations of olfactory bulb in AD mouse models”的科研论文，揭示 AD 早期嗅觉异常的重要分子、细胞及神经环路机制。

广州大学为该文的第一完成单位；陈明，陈裕楠和霍清伟为该文的共同第一作者；杨莉为该文的通讯作者。研究得到国家自然科学基金、广东省脑科学与类脑研究重大科技专项子课题及广州大学百人计划启动金资助。

（供稿：科研处、生命科学学院）

## 3 月 4 日　陈志峰等 39 位老师负责的教育部产学合作协同育人项目获得立项

3 月 4 日，教育部公布了 2020 年第一批产学合作协同育人项目立项名单，我校陈志峰等 39 位老师负责的 39 个项目获得立项，其中实践条件和实践基地建设 14 项，教学内容和课程体系改革 9 项，新工科、新医科、新农科、新文科建设 9 项，师资培训 7 项，立项数再获全省高校第一。

| 项目编号 | 承担学校 | 项目类型 | 公司名称 | 项目名称 | 项目负责人 |
|---|---|---|---|---|---|
| 202002068003 | 广州大学 | 新工科、新医科、新农科、新文科建设 | 北京杏林睿光科技有限公司 | 多层次校企协同的光电创新应用能力培养 | 陈志峰 |
| 202002315008 | 广州大学 | 新工科、新医科、新农科、新文科建设 | 郑州云海科技有限公司 | 新工科背景下数据科学与大数据技术人才培养模式研究 | 戴宏亮 |
| 202002119001 | 广州大学 | 新工科、新医科、新农科、新文科建设 | 广州云歌信息科技有限公司 | 基于新材料智能制造专业建设 | 桂珍珍 |
| 202002160003 | 广州大学 | 新工科、新医科、新农科、新文科建设 | 巨轮（广州）机器人与智能制造有限公司 | 基于微机电液一体化新工科背景下人工智能工程专业建设方案 | 桂珍珍 |
| 202002119002 | 广州大学 | 新工科、新医科、新农科、新文科建设 | 广州云歌信息科技有限公司 | 基于“人工智能”背景下机械工程专业建设方案探讨 | 李萍 |
| 202002046016 | 广州大学 | 新工科、新医科、新农科、新文科建设 | 北京欧倍尔软件技术开发有限公司 | 丙烯腈生产装置在化工专业新工科工程实践教学中的应用 | 梁红 |
| 202002013019 | 广州大学 | 新工科、新医科、新农科、新文科建设 | 北京东方仿真软件技术有限公司 | 地下式污水处理厂虚拟仿真实践教学模式及应用研究 | 张发根 |
| 202002160001 | 广州大学 | 新工科、新医科、新农科、新文科建设 | 巨轮（广州）机器人与智能制造有限公司 | 新工科背景下“机械控制原理与技术”课程教学改革模式研究 | 朱厚耀 |

（续上表）

| 项目编号 | 承担学校 | 项目类型 | 公司名称 | 项目名称 | 项目负责人 |
|---|---|---|---|---|---|
| 202002160002 | 广州大学 | 新工科、新医科、新农科、新文科建设 | 巨轮（广州）机器人与智能制造有限公司 | 基于数字孪生的智能制造专业新工科建设 | 邹涛 |
| 202002140010 | 广州大学 | 教学内容和课程体系改革 | 湖南三书礼文化发展有限公司 | 线性代数课程思政教学的探索与实践 | 冯永平 |
| 202002015016 | 广州大学 | 教学内容和课程体系改革 | 北京独创时代科技有限公司 | 工程制图实践训练体系教育改革 | 胡一丹 |
| 202002058011 | 广州大学 | 教学内容和课程体系改革 | 北京天演融智软件有限公司 | 基于OBE的“应用统计学”教学改革探索——以行政管理专业为例 | 李强 |
| 202002260004 | 广州大学 | 教学内容和课程体系改革 | 深圳市越疆科技有限公司 | 面向新工科的数字图像处理课程建设 | 彭凌西 |
| 202002117003 | 广州大学 | 教学内容和课程体系改革 | 广州五舟科技股份有限公司 | 面向拔尖人才培养的人工智能课程体系教学改革 | 饶永生 |
| 202002112022 | 广州大学 | 教学内容和课程体系改革 | 广东泰迪智能科技股份有限公司 | 新工科背景下机器视觉核心基础课程教学改革探索 | 王文龙 |
| 202002212021 | 广州大学 | 教学内容和课程体系改革 | 山东耐思电子科技有限公司 | “嵌入式系统实验”实践教学改革 | 温武 |
| 202002304003 | 广州大学 | 教学内容和课程体系改革 | 展视网（北京）科技有限公司 | 基于BIM与VR技术的桥梁工程教学实践改革研究 | 叶锡钧 |

（续上表）

| 项目编号 | 承担学校 | 项目类型 | 公司名称 | 项目名称 | 项目负责人 |
| --- | --- | --- | --- | --- | --- |
| 202002160008 | 广州大学 | 教学内容和课程体系改革 | 巨轮（广州）机器人与智能制造有限公司 | 智能制造背景下“先进制造技术”示范性课程建设及探索 | 周超 |
| 202002295010 | 广州大学 | 师资培训 | 新华三技术有限公司 | 人工智能前沿技术探索 | 曹忠 |
| 202002013038 | 广州大学 | 师资培训 | 北京东方仿真软件技术有限公司 | 紫罗兰酮生产工艺虚拟仿真实验在青年教师工程能力培养中的实践 | 梁红 |
| 202002139007 | 广州大学 | 师资培训 | 湖南机油泵股份有限公司 | 虚拟仿真背景下设计专业教师师资培训 | 罗冠林 |
| 202002160018 | 广州大学 | 师资培训 | 巨轮（广州）机器人与智能制造有限公司 | 面向企业应用的机器人工程多学科交叉专业师资培训 | 沈腾 |
| 202002180009 | 广州大学 | 师资培训 | 南京慕测信息科技有限公司 | 基于北斗的软件测试前沿技术探索 | 温武 |
| 202002160014 | 广州大学 | 师资培训 | 巨轮（广州）机器人与智能制造有限公司 | 面向机器人控制系统实践课程的师资培训 | 萧金瑞 |
| 202002247041 | 广州大学 | 师资培训 | 上海卓越睿新数码科技有限公司 | 基于一流课程建设的师资培训 | 于志伟 |

（续上表）

| 项目编号 | 承担学校 | 项目类型 | 公司名称 | 项目名称 | 项目负责人 |
|---|---|---|---|---|---|
| 202002030024 | 广州大学 | 实践条件和实践基地建设 | 北京华育兴业科技有限公司 | 人工智能与大数据分析实训体系建设 | 郭四稳 |
| 202002114018 | 广州大学 | 实践条件和实践基地建设 | 广州冠岳网络科技有限公司 | 新时代下服装品牌优化研究实践基地 | 贺景卫 |
| 202002248028 | 广州大学 | 实践条件和实践基地建设 | 深信服科技股份有限公司 | 网络安全行为分析实训平台（一期） | 姜誉 |
| 202002118063 | 广州大学 | 实践条件和实践基地建设 | 广州粤嵌通信科技股份有限公司 | 国产嵌入式系统实践基地建设 | 揭海 |
| 202002042030 | 广州大学 | 实践条件和实践基地建设 | 北京绿建软件股份有限公司 | 广州大学绿色建筑实践教学基地 | 李丽 |
| 202002075019 | 广州大学 | 实践条件和实践基地建设 | 北京正天恒业数控技术有限公司 | 多学科交叉融合的机电类创新实践平台建设 | 刘长红 |
| 202002091039 | 广州大学 | 实践条件和实践基地建设 | 大恒新纪元科技股份有限公司 | 光信息科学与工程专业实验室实践条件建设 | 刘佐濂 |
| 202002288043 | 广州大学 | 实践条件和实践基地建设 | 武汉易思达科技有限公司 | “新工科”背景下电子信息工程类综合创新实验室建设 | 秦剑 |
| 202002290029 | 广州大学 | 实践条件和实践基地建设 | 西安三好软件技术股份有限公司 | 装配式建筑智慧建造实训基地 | 任凤鸣 |

（续上表）

| 项目编号 | 承担学校 | 项目类型 | 公司名称 | 项目名称 | 项目负责人 |
| --- | --- | --- | --- | --- | --- |
| 202002314020 | 广州大学 | 实践条件和实践基地建设 | 征图新视（江苏）科技股份有限公司 | 新文科、新商科背景下工商管理专业实验实践课程教学数字化建设：以生产实习为例 | 孙丽君 |
| 202002054027 | 广州大学 | 实践条件和实践基地建设 | 北京神州绿盟科技有限公司 | 产教融合的网络安全人才实训基地建设 | 田志宏 |
| 202002139010 | 广州大学 | 实践条件和实践基地建设 | 湖南机油泵股份有限公司 | 虚拟仿真背景下工业设计工坊式校企合作实践基地 | 王莂 |
| 202002160019 | 广州大学 | 实践条件和实践基地建设 | 巨轮（广州）机器人与智能制造有限公司 | 智能制造与机器人协同育人实践基地建设 | 吴文强 |
| 202002084023 | 广州大学 | 实践条件和实践基地建设 | 成都华栖云科技有限公司 | 基于智能媒体应用的产学协同育人教学改革 | 尹杭 |

近年来，我校高度重视产学合作，着力拓宽产教融合，促进教育链、人才链与产业链、创新链的有机衔接，为专业建设和人才培养、课程建设、师资培养提供新平台，以产业和技术发展的最新需求推动人才培养改革，大力培养支撑引领经济社会发展需要的高素质应用型专门人才。通过出台激励措施、规范项目管理等方式，较好地激发了教师申报产学合作协同育人项目的积极性。根据统计，近三年来，我校获教育部产学合作协同育人项目立项201项、省级产学合作协同育人项目立项11项，共212项。

（供稿：教务处）

## 3 月 5 日　李小琴、王筱虹 2 位教授参加第十三届全国人民代表大会第四次会议

3 月 5 日，第十三届全国人民代表大会第四次会议在北京人民大会堂开幕。习近平等党和国家领导人出席大会。我校两位全国人大代表李小琴、王筱虹，与其他代表一同积极履行职责，踊跃建言献策。

李小琴建议，建立党政领导、部门协同、社会参与的工作机制，由各地卫生健康部门牵头搭建社会心理服务平台，加强重点人群心理健康服务，探索建立社会心理服务疏导和危机干预有效模式。

王筱虹建议，修订生态保护红线管理办法，进一步明确并细化占用红线的审批流程，提升相应建设项目的环评管理级别，多措并举，防治或降低此类环境风险。

（供稿：宣传部）

## 3月8日　我校举行庆“三八”女教职工广播体操展示活动

为庆祝“三八”国际劳动妇女节，让广大女教职工度过一个健康、和谐、快乐的妇女节，在3月8日工会活动日，我校举行女教职工广播体操展示、健步行等活动。校党委书记屈哨兵，市教育工会主席、局机关党委书记、一级调研员崔萍，校党委副书记聂贵新，市教育工会二级调研员韩军、一级主任科员吴英出席活动。

（供稿：校工会）

## 3月9日　欧阳铭芮老师带领学生参与爱尔公益活动

3月9日，我校音乐舞蹈学院收到爱尔基金会的感谢信，信中说到：欧阳铭芮老师系爱尔公益基金会爱心大使，十几年来，她始终热心公益，不仅提供精神支持，还身体力行前往一线为需要帮助的人群送去温暖与希望。在欧阳铭芮老师的带领下，我院学生贺裕贤、邹琼瑶、叶福星利用课余时间参与“爱尔向日葵计划——脑瘫儿童救助工程”公益项目，成功帮助基金会完成2020年该项目术后电话回访工作，使基金会后期工作得以顺利开展。

（供稿：音乐舞蹈学院）

## 3 月 10 日　李正辉等金融研究院科研人员围绕“绿色金融发展理论与实践”主题在《中国社会科学报》上发表系列文章

3 月 10 日，金融研究院李正辉等科研人员围绕“绿色金融发展理论与实践”主题在《中国社会科学报》上发表系列文章。文章具体如下：

| 题目 | 作者 |
|---|---|
| 绿色金融的起源与内涵演变 | 黄哲豪 |
| 我国绿色金融研究现状及未来方向 | 王孟欣、廖高可 |

（续上表）

| 题目 | 作者 |
|---|---|
| 国外绿色金融发展趋势浅析 | 钟雄、刘都、肖智辉 |
| 推进中国绿色金融发展实践 | 莫斌 |
| 广东省绿色金融发展的创新与探索 | 贾帅帅 |
| 绿色金融助力广州构建新发展格局 | 陈双莲、李正辉 |

近年来，李正辉教授以团队建设为基础，形成以黄哲豪、陈双莲等为核心成员的团队，并以绿色金融为突破口，形成系列成果。李正辉与黄哲豪等合作的“Green loan and subsidy for promoting clean production innovation”论文成果，于2018年6月发表在*Journal of Cleaner Production*上，该期刊为SCI检索，JCR分区为Q1，2018年影响因子为6.395；李正辉与黄哲豪等合作的“Loaning scale and government subsidy for promoting green innovation”论文成果，于2019年7月发表在*Technological Forecasting and Social Change*上，该期刊为SSCI检索，JCR分区为Q1，2019年影响因子为5.846；李正辉和廖高可等合作的“Does corporate environmental responsibility engagement affect firm value? The mediating role of corporate innovation”论文成果，于2020年3月发表在*Business Strategy and the Environment*上，该刊为SSCI检索，JCR分区为Q1，2019年影响因子为5.483。

（供稿：金融研究院）

## 3月19日　杨现坤老师在*Nature Communications*期刊发表学术论文

3月19日，地理科学与遥感学院杨现坤副教授与香港大学冉立山老师，联合美国、瑞士、澳大利亚和德国的合作者首次对我国经济高速发展阶段的三十年内（20世纪80年代至21世纪10年代）的内陆水体（河流、湖泊和水库）$CO_2$排放变化进行估算。研究结果发表在*Nature Communications*期刊上。此项研究得到国家自然科学基金及广州大学百人计划启动金资助。

（供稿：科研处）

## 3 月 19 日　聂衍刚教授一行赴佛山科学技术学院开展中国国际“互联网 +”大学生创新创业大赛广东省分赛办赛调研学习

3 月 19 日，由教务处处长聂衍刚教授带队，第七届中国国际“互联网 +”大学生创新创业大赛广东省分赛（以下简称“互联网 +”省分赛）广州大学筹备工作组代表一行 23 人，赴佛山科学技术学院就承办“互联网 +”省分赛筹备与组织工作、实践经验等开展调研学习。

（供稿：创新创业学院）

## 3 月 22 日　屈哨兵书记开讲新学期“思政第一课”

3 月 22 日，校党委书记屈哨兵教授以“学百年党史　做世纪新人”为题，为土木工程学院土木 202 班的同学们讲授新学期“思政第一课”。

屈哨兵从电视剧《觉醒年代》切入，结合深入学习贯彻习近平总书记在党史学习教育动员大会上的重要讲话精神，与同学们互动，引导同学们积极思考学习党史的重要意义，带领大家了解党的百年历程、精神内涵。

同学们表示将以此次思政课为带动，坚定信仰跟党走，努力做到学史明理、学史增信、学史崇德、学史力行，以学校人才培养目标为索引，推动自身全面成长成才。

（供稿：宣传部）

## 3月23日 杨芳、周利敏出席2021年广州市重点研究基地授牌仪式

3月23日上午，广州市社科联七届六次委员（扩大）会议召开。广州廉政建设研究中心副主任杨芳、广州社会工作研究中心主任周利敏分别代表市人文社会科学重点研究基地接受了授牌。

（供稿：公共管理学院）

## 3 月 24 日　刘瑾院长代表音乐舞蹈学院与澳门现代芭蕾舞团、澳门现代芭蕾艺术学会签署合作协议

3 月 24 日，我校音乐舞蹈学院在学院会议室举行与澳门现代芭蕾舞团、澳门现代芭蕾艺术学会合作协议签署仪式。音乐舞蹈学院执行院长刘瑾与澳门现代芭蕾舞团团长舒琴签署了合作协议书。出席本次活动的还有澳门现代芭蕾舞团副团长宋涛以及音乐舞蹈学院全体院领导。双方就合作意向和内容达成一致，希望能够通过原创现代芭蕾舞剧《少年星海》的合作，促进穗澳之间的交流。

（供稿：音乐舞蹈学院）

## 3 月 24 日　田秋生教授入选广州市宣传思想文化领军人才名单

3 月 24 日，我校新闻与传播学院院长田秋生教授入选 2021 年度广州市宣传思想文化领军人才名单。学院立足新时代新要求，高度重视宣传思想文化工作，注重培养造就领军人才、青年人才，为做好新时代宣传思想工作提供更广泛、更深厚的力量支撑。

一、2021年度我市宣传思想文化领军人才入选名单（5名）

1、聂衍刚（工作及推荐单位：广州大学）

2、田秋生（工作及推荐单位：广州大学）

3、史前进（工作单位：广州歌舞剧院有限公司，推荐单位：市文联）

4、毛继鸿（工作单位：广州市方所文化发展有限公司，推荐单位：天河区委宣传部）

5、梁丽珍（工作单位：广州大剧院，推荐单位：天河区委宣传部）

（供稿：新闻与传播学院）

## 3月24日　范立生教授的研究成果获得教育部2020年度自然科学二等奖

我校计算机科学与网络工程学院范立生教授主持完成的“协作通信系统物理层安全传输关键理论与技术”成果通过函评及会评，获得了教育部2020年度自然科学二等奖，也是广州大学本年度唯一获奖的教育部科技奖成果。该成果由我校范立生教授、西南交通大学类先富教授、深圳大学张胜利教授合作完成，得到了国家973计划等课题的资助。

（供稿：科研处、计算机科学与网络工程学院）

## 3月25日　李颂东等4位老师赴南沙签约设立实习基地

3月25日，我校音乐舞蹈学院李颂东书记和王洪涛副院长、理论教研室主任韩若晨博士、教研办主任黎桂婷老师一行前往广州市南沙区，与广州市湾区实验学校、广州大学附属中学南沙实验学校签约共建实习基地，全面开启与南沙区中小学建立实习基地的工作。

（供稿：音乐舞蹈学院）

## 3 月 25 日　卓莎老师组织师生创作“百幅美术作品”庆祝建党百年

3 月 25 日，为迎接中国共产党成立 100 周年，深入开展党史学习教育和大力讴歌传承红色文化，广州大学推出“百歌百书暨百幅美术作品”每日推荐活动。学院广大师生积极参与“百幅美术作品”征稿活动，共计收到教师和学生投稿三百多件。此次作品征集活动汇聚了美术与设计学院红色主题创作的代表性作品，如表现抗日战争、解放战争、祖国建设、全民抗疫等，歌颂党在不同历史时期的丰功伟绩。广大学子通过本次活动传承红色基因，每日跟随艺术作品追寻红色足迹，在感悟中坚定理想信念，为实现中华民族伟大复兴的中国梦积极贡献力量。

《延安叙事》三联画　（布面油画 150 cm × 380 cm）　汪晓曙

《人民的儿子——邓小平》（雕塑） 刘少为

《抗“疫”》组画 （纸本水墨 68cm×68cm） 贺景卫

《广东白云过山峰——茶马古道新貌》 （国画 195cm×145cm） 卓莎

（入选第十三届全国美术作品展并被广东美术馆收藏）

《英魂之魄》　（油画 150cm × 150cm）　熊中华

（获"'铁的新四军'红色记忆——经典美术作品展"优秀奖，并由历史博物馆收藏）

（供稿：美术与设计学院）

## 3 月 30 日　周文萍、喻彬老师喜获优秀"抗疫"作品奖

荣誉证书

朗诵MV《致敬抗疫勇士》荣获广东省电影家协会2020年优秀"抗疫"作品奖。

特颁此证，以资表彰！

策划监制：朱丹丹
导演：龙曼雪
作词：喻彬
音乐：龙曼雪
剧务：石佳雯

广东省电影家协会
2021年3月30日

荣誉证书

纪录片《我拍广东抗疫》荣获广东省电影家协会2020年优秀"抗疫"作品奖。

特颁此证，以资表彰！

出品单位：广东省电影家协会、广州大学人文学院
策划：肖小青、王琮、周文萍
导演：周文萍
摄影：张晓苏等
剪辑：朱洋洋

广东省电影家协会
2021年3月30日

3月30日，2021年广东省电影家协会春季电影交流会暨2020年优秀“抗疫”作品颁奖礼在广州花果山超高清视频产业特色小镇成功举办。我校人文学院周文萍老师作品《我拍广东抗疫》、喻彬老师作品《致敬抗疫勇士》喜获2020年优秀“抗疫”作品奖，《我拍广东抗疫》同时成功入围粤影短片短视频大赛。

（供稿：人文学院）

## 3月30日　魏雷等老师在国际旅游研究权威刊物发表学术文章

Rethinking indigenous people as tourists: modernity, cosmopolitanism, and the re-invention of indigeneity

**Author:** Lei Wei,Junxi Qian,Hong Zhu

**Publication:** Annals of Tourism Research

**Publisher:** Elsevier

**Date:** July 2021



Annals of Tourism Research 89 (2021) 103200

Contents lists available at ScienceDirect

Annals of Tourism Research

journal homepage: https://www.journals.elsevier.com/annals-of-tourism-research

Rethinking indigenous people as tourists: modernity, cosmopolitanism, and the re-invention of indigeneity

Lei Wei [a], Junxi Qian [b], Hong Zhu [c,*]

[a] School of Management (School of Tourism/Sino-French College of Tourism), Guangzhou University, Guangzhou 510006, China
[b] Department of Geography, The University of Hong Kong, Hong Kong, China
[c] Centre for Human Geography and Urban Development, School of Geography and Remote Sensing, Guangzhou University, & Guangdong Provincial Centre for Urban and Migration Studies, Guangzhou 510006, China

ARTICLE INFO

Article history:
Received 4 February 2020
Received in revised form 2 March 2021
Accepted 22 March 2021
Available online 30 March 2021

Associate editor: la Maza Francisca de

Keywords:
Indigenous tourism
Indigenous people
Mobility
Translocality
Indigenous identity
The Mosuo people

ABSTRACT

This paper starts from the observation that the literatures on indigenous tourism tend to perpetuate the assumption of indigenous people as suppliers and objects of tourism experiences and services, while there is a dearth of research as to how to theorise indigenous people as tourists, and how to study the tourist practices of indigenous people. This paper argues that to take indigenous people seriously as ordinary tourists just like others would enrich the concept of indigenous tourism on the one hand, and on the other, advance theoretical perspectives on the translocal constitution of indigeneity. Our empirical study addresses the arguments by investigating the touristic practices of the ethnic minority Mosuo, who reside in the Lugu Lake area in southwest China.



3月30日，管理学院魏雷老师作为第一作者、地理学院朱竑教授作为通讯作者、香港大学钱俊希副教授作为第二作者在 *Annals of Tourism Research*

（《旅游研究纪事》）发表文章“Rethinking indigenous people as tourists: modernity, cosmopolitanism, and the re-invention of indigeneity”。*Annals of Tourism Research* 是国际旅游社会科学领域最具影响力的刊物之一，属于 JCR 一区。期刊 2020 年影响因子为 9.011，在接待业、休闲、运动与旅游领域排名第 5，在社会学领域排名第 2。

（供稿：管理学院）



## 3 月 30 日　谢洪鲸教授参与拍摄了系列科普节目《我身边的科技大咖》

物理与材料科学学院谢洪鲸教授从事教学与科研近四十年，热爱教育和科普事业，被广州电视台“科学大求真”栏目选中参与拍摄了系列科普节目《我身边的科技大咖》，并于2021 年3 月30 日开始在广州市广播电视台等公共媒体播出，视频线上访问量近 4 000 次。

（供稿：物理与材料科学学院）

## 3 月 31 日　曾维和教授受邀担任常州工学院“挑战杯”校赛评委

3 月 31 日，常州工学院第十七届“挑战杯”全国大学生课外学术科技作品竞赛校内选拔赛复赛举行。广州大学公共管理学院教授曾维和受邀担任“挑战杯”校赛评委，常州大学团委书记蒋琳、商学院副院长彭伟，江苏大学教授孙俊也一同参加了评审。常州工学院参赛项目团队成员及指导教师 100 余人参加了活动。

（供稿：公共管理学院）

## 3 月 31 日　魏明海校长开讲新学期“思政第一课”

为深入学习习近平总书记关于中国共产党历史的重要论述，3 月 30 日，校长魏明海以“学习习近平《论中国共产党历史》　深入理解共产党人精神谱系”为题，为机械与电气工程学院电气 193 班、机械 192 班、机械 193 班、机械 194 班的同学们讲授“思政第一课”，引导同学们从党的百年奋斗历程中学习历史智慧、政治智慧，继承革命先辈的光荣传统，树立报效祖国的远大志向。相关职能部门、学院负责人等旁听授课。

“希望同学们将个人事业发展融入党和国家事业发展大局中，通过学习党史努力做到明理、增信、崇德、力行，立鸿鹄志、做奋斗者、求真学问、练真本领！”魏明海对同学们加强党史学习教育、全面成长成才提出了殷切希望。

（供稿：宣传部）

# 我们的大学

April　四月

## 4月7日　谢俊贵、林曼曼老师带领广州大学钟南山精神效应研究组开展实地调研

4月7日上午，在谢俊贵教授和林曼曼老师的带领下，课题组成员代表朱哲桐、古镇添、陈西洋、李思颖一行四人赴广州医科大学附属第一医院抗疫纪念馆调研，了解钟南山精神渊源、钟南山团队抗击新冠肺炎疫情历程及钟南山团队为国家乃至国际抗疫做出的努力。

（供稿：公共管理学院）

## 4月7日　高志光老师受邀为广州开放大学25万学子讲授党史课

4月7日，高志光老师受邀参加广州开放大学和海珠区退役军人事务局联合举办的党史学习进校园活动，通过线下与线上直播形式为广州开放大学25万学子讲授主题为“传承红色基因　弘扬烈士精神”的党史课。海珠区退役军人事务局党组成员、副局长黎广淮，双拥工作科科长兼机关党委副书记徐红星出席，广州开放大学党委相关职能部门的负责人、各党支部书记、入党积极分子、教职工代表和学生代表近100人现场听讲，其余教职工以及全系统25万学子通过云直播同步收看。

（供稿：离退休工作处）

## 4月9日　谢洪明、刘金全教授获“研究阐释党的十九届五中全会精神国家社科基金重大项目”立项

4月9日，全国哲学社会科学工作办公室公布了研究阐释党的十九届五中全会精神国家社科基金重大项目立项名单，我校管理学院谢洪明教授作为首席专家投标的项目“融入全球创新网络提升企业技术创新能力的学理、机制与政策研究”和经济与统计学院刘金全教授作为首席专家投标的项目“健全目标优化、分工合理、高效协同的宏观经济治理体系的理论与实践研究”获批立项。

（供稿：宣传部、科研处、经济与统计学院、管理学院）

## 4月10日　谢如鹤等老师带领学生队伍代表我校在第四届“华展杯”广东省大学生物流设计大赛中赢得佳绩

4月10日，由广东省本科高校物流管理与工程类专业教学指导委员会、广东省物流与供应链学会、广东省电子商务协会联合主办，广州航海学院、广东工业大学承办的第四届“华展杯”广东省大学生物流设计大赛在广州航海学院黄埔校区举行。经过激烈角逐，我校4支队伍获得特等奖1项、一等奖1项、二等奖2项，学校同时获得最佳组织奖，谢如鹤、刘广海、邹毅峰、陈宝星等获优秀指导教师奖。

（供稿：管理学院）

## 4月10日　牛利教授当选广州市青年科技工作者协会首任理事长

4月10日，广州市青年科技工作者协会成立大会在我校隆重召开。化学化工学院牛利教授当选为理事长、张玉微教授为协会秘书长。

（供稿：化学化工学院）

## 4月12日　刘瑾、肖思为等老师（团队）在全国高校教师教学创新大赛广东分赛中获佳绩

4月12日，首届全国高校教师教学创新大赛广东分赛暨广东省高校教师教学创新大赛在华南师范大学落下帷幕。经过初赛的层层选拔以及决赛中的出色发挥，我校参赛老师（团队）在本次大赛中取得了优异的成绩。其中，正高组别刘瑾老师团队（成员包括音乐舞蹈学院刘瑾、张艳、潘妍娜、屠金梅）和中级及中级以下组别肖思为老师（新闻与传播学院）力压群英，分别获得所在组别一等奖；邹汉波老师团队（成员包括化学化工学院邹汉波、陈胜洲、梁红、杨伟）荣获副高组别三等奖；另外，哈迎飞老师团队（成员包括人文学院哈迎飞、叶从容、彭贵昌、杨柳）、燕乐纬老师团队（成员包括土木工程学院燕乐纬、梁颖晶、王菁菁）、孙楠老师团队（成员包括教育学院孙楠、聂衍刚、杨文登、窦凯）分别获得正高、副高、中级及中级以下组别优秀奖；我校音乐舞蹈学院音乐理论教研室、新闻与传播学院播音与主持艺术系获得优秀基层教学组织奖。

（供稿：教师发展与教学评估中心）

## 4月14日　郭红雨教授主持的“基于气候适应性的城市推荐色谱校验及应用设计方法”荣获2021年绿色优良设计奖

4月14日，我校建筑与城市规划学院特聘教授郭红雨主持的“基于气候适应性的城市推荐色谱校验及应用设计方法”获得由欧洲建筑艺术设计与城市研究中心和芝加哥雅典娜建筑与设计博物馆联合评选颁发的2021年绿色优良设计奖（Green Good Design Awards 2021）。2021年绿色优良设计奖评选收到了来自全球50余个国家和地区的千余份作品。由欧洲建筑艺术与城市研究中心组织国际著名设计大师形成评审团，经过严格评选，最终选出来自28个国家和地区的优秀设计作品作为世界最优秀的绿色生态设计典范。

（供稿：科研处、建筑与城市规划学院）

## 4 月 15 日　刘云生教授为广州市“清风传万家”百场红色家风宣讲活动做首场宣讲

4 月 15 日下午，由广州市纪委监委、广州市委宣传部（广州市文明办）、广州市社科联联合主办的广州市“清风传万家”百场红色家风宣讲活动首场宣讲会正式开讲。首场宣讲会由广州大学法学院二级教授、中共党员刘云生作了题为“信仰的力量——聆听红色家风”的主题宣讲。广州日报、南方日报、广府新语等媒体均进行了报道。

（供稿：法学院）

## 4 月 16 日　乔云波团队在 *Nature Communications* 发表基因编辑工具优化的最新研究进展

4 月 16 日，国际权威学术期刊 *Nature Communications*（IF＝12.1）报道了我校生命科学学院乔云波副教授研究团队关于基因编辑工具优化和改良的最新研究进展“Structure-guided engineering of adenine base editor with minimized RNA off-targeting activity”。该工作中，研究人员基于腺嘌呤碱基编辑器与 RNA 的结合位点进行基因编辑工具改良，从而显著降低了腺嘌呤碱基编辑器的 RNA 脱靶效应。

本研究由我校生命科学学院精准基因编辑工程中心乔云波副教授研究团队与上海科技大学黄行许教授、上海交通大学曹禹教授合作完成。黄行许教授和乔云波副教授为论文共同通讯作者，我校周建奎副教授，硕士研究生武素素、李丽平也参与了该工作，广州大学为最后通讯作者单位。本工作得到国家重点研发计划、国家自然科学基金、广东省自然科学基金等的大力资助和支持。

（供稿：科研处、生命科学学院）



## 4 月 17 日　第三届教职工羽毛球对抗赛开赛

4 月 17 日，广州大学第三届教职工羽毛球对抗赛在何世杰体育馆举行。本次比赛秉持“传承百载赤色路，强身健体加油干”的理念，由广州大学工会主办、广州大学教工羽毛球协会承办。

经过激烈拼搏，最后青铜大联盟、计算机实验中心联队、化工环境联队、图书馆物理联队、土木机关三教育经统联队分别获得第一名至第五名。

（供稿：校工会）

## 4 月 20 日　刘瑾、王丹教授等参与广东省美育浸润行动计划赴汕尾开展教研和基地挂牌

4 月 20 日至 22 日，为落实《广东省教育厅关于开展 2021 年度美育浸润行动计划的通知》的要求，音乐舞蹈学院刘瑾教授、美术与设计学院王丹教授一行赴汕尾市开展美育浸润教研交流暨美育工作站挂牌活动，在三天的行程中，分别在海丰县彭湃中学、附城镇中心小学、海丰县实验小学、市城区盐町头小学和陆河县实验小学进行美育工作站挂牌，开展送教活动、随堂听课、教研和指导学生实践活动。

（供稿：音乐舞蹈学院）

## 4 月 20 日　大学生职业生涯规划与就业指导品牌——“祁老师工作室”正式授牌成立

4 月 20 日，我校大学生职业生涯规划与就业指导品牌——“祁老师工作室”在广州大学学生就业服务大厅授牌成立。招生就业工作处全体教职工，相关学院副书记、辅导员及部分招生就业协会学生等参加了授牌仪式。

“祁老师工作室”由学校招生就业工作处牵头筹办，组建校内外互补、专兼职结合且乐于奉献的职业咨询与就业指导队伍，构建“工作室咨询师＋课程老师＋企业 HR”的三维指导服务模式，将作为学生职业发展与就业指导服务的窗口，以立德树人为根本使命，以职业生涯课程教学为依托，以“我和大学有个约定”和“星期二有约”为抓手，向全校学生尤其是毕业生提供专业、个性、暖心的就业咨询服务。

（供稿：招生就业工作处）

## 4月21日　李卫东、郭观池老师参加了体育学院与广州市南沙区湾区实验学校共建教育实践基地活动

4月21日下午，我校体育学院与广州市南沙区湾区实验学校举行本科生教育实践基地签约与授牌仪式，体育学院副院长李卫东、教科办主任郭观池参加了活动，并与实验学校教师一起围绕基地建设和人才培养计划进行了座谈。

（供稿：体育学院）

## 4月22日　刘玉萍老师指导学生协助辛亥革命纪念馆制作党课微视频收到感谢信

4月22日，为庆祝中国共产党成立一百周年，深入开展党史学习教育，辛亥革命纪念馆、黄埔军校旧址纪念馆以馆内红色文化资源为素材，邀请我校新闻与传播学院协助赵一曼党课微视频拍摄制作。接到任务后，刘玉萍老师指导陈紫荆同学高质量制作完成了党课《烽火中的红色家书》微视频工作。纪念馆对我校师生认真负责的态度和精益求精的敬业精神，以及高水平的专业能力，专门发来感谢信，给予高度评价和感谢。

（供稿：新闻与传播学院）

## 4月22日　袁红平、张靖仪、瞿芳术3位老师入选“中国高被引学者”榜单

4月22日，学术出版业巨头爱思唯尔（Elsevier）正式发布了2020年中国高被引学者（Highly Cited Chinese Researchers）榜单。管理学院袁红平教授、

物理与材料科学学院张靖仪教授、土木工程学院瞿芳术副教授入选“中国高被引学者”榜单。其中，袁红平教授2019年与2020年连续两次入选工商管理学科高被引学者，张靖仪教授则连续第七次入选榜单。

（供稿：管理学院、物理与材料科学学院、土木工程学院）



## 4月22日　周福霖院士、谢礼立院士荣获第一届“防震减灾工程终身成就奖”

4月22日，第十一届全国防震减灾工程学术研讨会暨中国土木工程学会防震减灾工程分会第三届理事换届会议在河南郑州隆重举行。会上，我校工程抗震研究中心主任、我国减震控制技术体系的主要奠基人周福霖院士和我校双聘院士、著名地震与防震工程专家谢礼立院士荣获第一届“防震减灾工程终身成就奖”。

（供稿：科研处）

## 4月24日　肖佑兴老师论文入选“旅游论文学术影响力Top100”

4月24日，在北京召开的2021中国旅游科学年会上，《中国学术期刊》电子杂志社有限公司副总经理肖宏代表中国旅游研究院和中国知网联合课题组，发布了“旅游论文学术影响力 Top100”和“旅游论文作者学术影响力 Top100”名单。管理学院肖佑兴副教授的论文《论乡村旅游的概念与类型》位居“旅游论文学术影响力 Top100”的第 42 名。

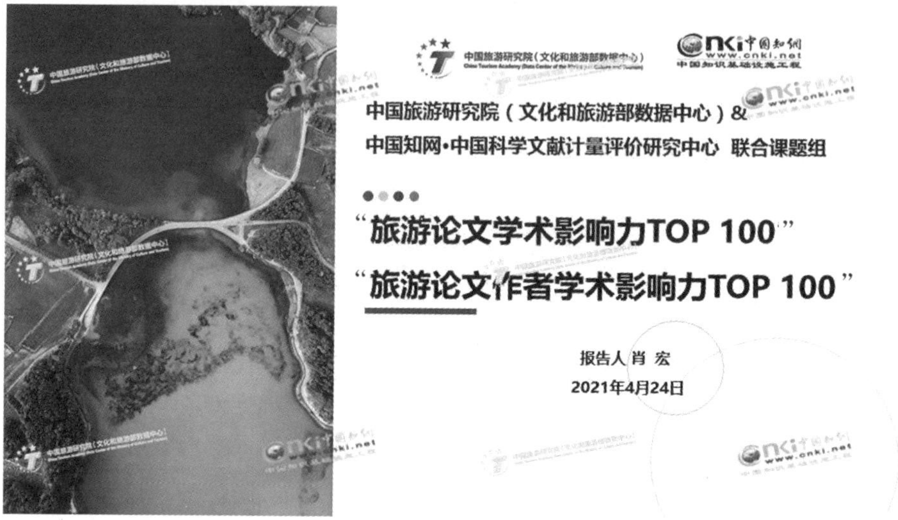


（供稿：管理学院）

## 4 月 25 日　刘广海、邹毅峰 2 位老师指导学生获第七届全国大学生物流设计大赛二等奖

4 月 25 日，第七届全国大学生物流设计大赛在北京物资学院落下帷幕。本届全国大学生物流设计大赛自 2020 年 10 月启动以来，前后近 650 个参赛队伍、4 000 多名专业教师、近 40 000 名学生参与了大赛活动。经过初赛和复赛的层层选拔、激烈角逐，共有 90 支队伍进入决赛。管理学院刘广海、邹毅峰老师指导我校学生汤翠仪、莫晓彤、温斯雅、李洪跃、石国连 5 名同学的作品《京津冀一体化下中外运动力资源效率提升方案》在第七届全国大学生物流设计大赛获得二等奖，我校获得最佳组织奖。

（供稿：管理学院）

## 4 月 25 日　周丽萍老师获评广州大学 2020 年度学术新锐

4 月 25 日，教育学院周丽萍老师获评广州大学 2020 年度学术新锐。本次共计有 54 位青年博士申报参加评选，10 人获评。周丽萍老师主要研究领域是教育经济和教育财政，在《北京大学教育评论》《高等教育研究》等权威期刊发表论文多篇，多篇被新华文摘全文转载，论文成果分别获得教育部高等科研优秀成果奖（人文社科）二等奖、三等奖及广东省哲学社会科学优秀成果奖一等奖。

（供稿：教育学院）

## 4 月 27 日　周福霖院士团队牵头参与制定的《建筑隔震设计标准》获国家正式批准

4 月 27 日，国家住房和城乡建设部正式批准以我校牵头主编的《建筑隔震设计标准》（以下简称为《标准》）为国家标准，编号为 GB/T 51408 - 2021，自 2021 年 9 月 1 日起实施。该《标准》不仅是我国第一部建筑隔震设计国家标准，还是世界上首部建筑隔震设计国家级标准，其制定实施填补了建筑隔震设计领域无标准化的国内国际空白，也标志着我国在世界建筑工程隔震设计领域的科技话语权获得巨大提升。

该《标准》于 2014 年纳入国家住建部标准制定计划，由我校（第一主编单位）周福霖院士团队和中国建筑标准设计研究院有限公司（第二主编单位）会同有关单位共同制定。我校周福霖院士团队会同编制组，通过广泛调研、开展多项专题研究、借鉴国内外数十部相关标准、总结工程实践经验、广泛试算，历时近 7 年最终形成了《标准》正式稿。

（供稿：科研处、工程抗震研究中心）

## 4 月 29 日　王怀坚老师参加广东省援疆活动

4 月 29 日，在沙枣花绽放的时节，应广东援疆驻伽师支教团的邀请，我校音乐舞蹈学院王怀坚老师偕同张胜卿和梁耀宏两位校友前往南疆，开展了一次颇有意义的交流、指导、表演和采风活动。

在 5 月 4 日的广东援疆“万工程”暨庆祝“五四”青年节“百歌颂中华”

合唱比赛中，王怀坚老师为嘉宾合唱的广东援疆主题宣传歌曲《一起飞》编配合唱谱，指导排练并现场担任指挥、伴奏。同时，他也为创作广东援疆驻伽师支教团的团队歌曲而体验生活与采风。

（供稿：音乐舞蹈学院）

## 4月29日　郭明老师荣获《探索与争鸣》第四届（2020）全国青年理论创新奖二等奖

4月29日，在《探索与争鸣》编辑部于2020年1月1日—12月31日面向全国1980年1月1日以后出生的青年学者、在读学生开展的以“技术创新与文明重构：新问题与新挑战”为主题的第四届（2020）全国青年理论创新奖征文活动中，经过编辑部初选、专家通讯匿名评审、专家现场匿名评审，广州大学公共管理学院郭明博士荣获二等奖。此前，郭明博士还荣获第四届费孝通田野调查奖优秀奖。

（供稿：公共管理学院）

# 我们的大学

May　五月

## 5 月 13 日　欧阳蓓蓓师生举办“华风雅韵”——中国古诗词艺术歌曲音乐会

5 月 13 日晚，由我校音乐舞蹈学院欧阳蓓蓓副教授带领学生举办的“华风雅韵”——中国古诗词艺术歌曲音乐会在演艺中心 111 进行。学校党委屈哨兵书记，学生处刘小燕副处长，学院党总支李颂东书记、周云副书记等领导和音乐舞蹈学院老师们出席本次音乐会。

（供稿：音乐舞蹈学院）

## 5 月 14 日　《南方日报》刊发我校党委书记屈哨兵专访

5 月 14 日，《南方日报》A05 版刊发了专访我校党委书记屈哨兵的报道《广州大学党委书记屈哨兵：深化党建融合　培育时代新人》。该报道是省教育厅联合南方日报、南方 + 客户端推出的“百年对话——广东高校党委书记谈党建引领育新人”全媒体宣传活动系列报道之一。

教育是国之大计、党之大计。中国共产党成立 100 周年之际，广东省教育厅联合南方日报、南方 + 客户端推出“百年对话——广东高校党委书记谈党建引领育新人”全媒体报道，展示广东高校毫不动摇坚持党的全面领导，为党育人、为国育才的经验做法。在我校报道中，屈哨兵从设计有广大底色的培养模式、抓实基层党建打造人才强校、以文化人传承红色基因等方面谈了我校着力构建“党建＋融合”机制，推动党建与人才培养中心工作深度融合的举措。

A05 要闻

奋斗百年路 启航新征程

南方日報

广州大学党委书记屈哨兵：

深化党建融合 培育时代新人

设计有广大底色的培养模式

抓实基层党建打造人才强校

以文化人传承红色基因

数十载如一日 打造地震中的“安全岛”

党建引领 培养人才建设网络强国

“社区成长伙伴计划”朋友圈再扩容，同策同力创新党建引领社区治理

五地学史“云”接力 社区善治开新局

开启“云”治理

（供稿：宣传部）

## 5月17日　樊军辉等8位老师参与科学大工程LHAASO研究，在*Nature*杂志上合作发表论文

广州大学参与、中国科学院高能物理研究所牵头的国家重大科技基础设施“高海拔宇宙线观测站”（LHAASO）最新重大科学文章“Ultrahigh-energy photons up to 1.4 petaelectronvolts from 12 γ-ray Galactic sources”于2021年5月17日发表在*Nature*（《自然》）杂志上。我校物理与材料科学学院天文系樊军辉

教授、王洪光教授、Denis Bastieri 教授、裴致远博士、肖胡兵博士和蔡金庭博士研究生、张丽霞博士研究生、何思乐硕士研究生为该文章的合作作者。

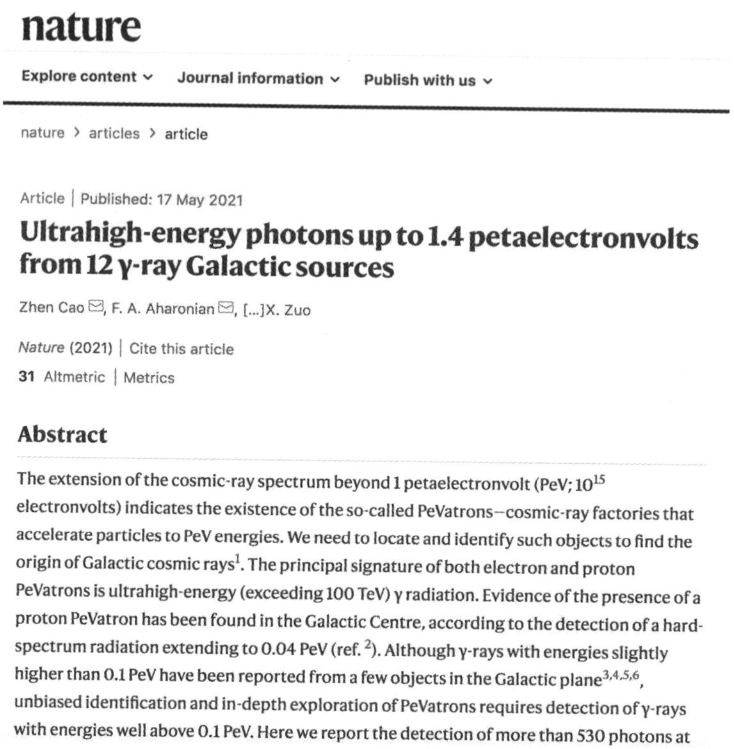

nature

Explore content ⌄ Journal information ⌄ Publish with us ⌄

nature › articles › article

Article | Published: 17 May 2021

**Ultrahigh-energy photons up to 1.4 petaelectronvolts from 12 γ-ray Galactic sources**

Zhen Cao, F. A. Aharonian, [...]X. Zuo

*Nature* (2021) | Cite this article

**31** Altmetric | Metrics

**Abstract**

The extension of the cosmic-ray spectrum beyond 1 petaelectronvolt (PeV; $10^{15}$ electronvolts) indicates the existence of the so-called PeVatrons—cosmic-ray factories that accelerate particles to PeV energies. We need to locate and identify such objects to find the origin of Galactic cosmic rays[1]. The principal signature of both electron and proton PeVatrons is ultrahigh-energy (exceeding 100 TeV) γ radiation. Evidence of the presence of a proton PeVatron has been found in the Galactic Centre, according to the detection of a hard-spectrum radiation extending to 0.04 PeV (ref. [2]). Although γ-rays with energies slightly higher than 0.1 PeV have been reported from a few objects in the Galactic plane[3,4,5,6], unbiased identification and in-depth exploration of PeVatrons requires detection of γ-rays with energies well above 0.1 PeV. Here we report the detection of more than 530 photons at

（供稿：科研处、物理与材料科学学院）

## 5 月 18 日　胡鉴源等 6 位老师获评学校 2019—2020 学年优秀辅导员

5 月 18 日上午，学校召开学生工作会议，就进一步深入落实立德树人根本任务、推动学生工作上新水平进行部署，并对 2019—2020 学年优秀辅导员和班主任进行表彰。计算机科学与网络工程学院胡鉴源、音乐舞蹈学院廖争荣、人文学院邱锦泉、公共管理学院刘志东、美术与设计学院罗兵、教育学院（师范学院）张方超 6 位老师获“广州大学优秀辅导员”称号。

（供稿：学生处）

## 5 月 18 日　李富潮教授受邀参加 2021 年广州“院士专家校园行”活动

5 月 18 日，我校退休教师李富潮教授受邀参加 2021 年广州“院士专家校园行”活动，走进洛溪新城中学，做了“青少年发明创造案例分析”主题讲座，传授实用的科技创新的方式和方法，为学生们带来一场“科技创新盛

宴”。李富潮教授的科普讲座实用性强，针对中小学生在科技创新上会遇到的问题，深入浅出地为他们提供了实践方法、指明了探究方向。科学就在身边，创新并不遥远，相信在座的学生一定有所启发，在往后的生活和学习中积极发现和探索身边的科学，不断提升自己的创新实践能力。

（供稿：离退休工作处）

## 5月20日　刘建义老师带领的微监察研究小组调研成果获中新社、广东新闻网、广州日报报道

5月20日，广州大学“微监察”课题组成员在指导老师刘建义的带领下，以广州市推进基层监察体制改革为契机，通过对群众监察认知水平进行系统调研，总结提出基层监察体制改革的广州经验，并向广东省委、广州市纪委提交《关于提升我市基层监察工作群众认知度的对策建议》和《广州市基层监察工作群众认知和评价调研报告》决策咨询报告，研究小组调研成果获中新社、广东新闻网、广州日报等媒体报道。

（供稿：公共管理学院）

## 5月20日　张新长教授领衔项目获得我院首个省科学技术一等奖

| | | | | | |
|---|---|---|---|---|---|
| 19 | 新型城镇化建设地理空间信息智能处理关键技术及应用 | 张新长　邓　敏<br>李朝奎　吴志峰<br>曹凯滨　辛秦川<br>孙　颖　黄健锋<br>李乐林　杨文涛<br>石　岩　刘慧敏<br>黄　悦 | 广州大学<br>中山大学<br>中南大学<br>湖南科技大学 | 广东省教育厅（省委教育工作委员会） | J12 资源调查 |

5月20日上午，广东省科技创新大会在广州召开，大会颁发了2020年度广东省科学技术奖。由地理科学与遥感学院张新长教授牵头，中山大学、中南大学、湖南科技大学多家单位参加的研究成果“新型城镇化建设地理空间信息智能处理关键技术及应用”通过公示，荣获2020年广东省科技进步一等奖，

是我院获得的首个省科学技术一等奖。

（供稿：地理科学与遥感学院）

## 5 月 20 日　庾建设等教授（团队）主持的科技成果获广东省科学技术奖

5 月 20 日，全省科技创新大会在广州召开，大会颁发了 2020 年度广东省科学技术奖。我校以第一完成单位斩获三项一等奖、两项二等奖。其中，庾建设教授主持的“离散系统的变分法及其应用”项目获得广东省自然科学奖一等奖，方滨兴院士主持的“基于互联网的公开信息大搜索关键技术及系统”项目、张新长教授主持的“新型城镇化建设地理空间信息智能处理关键技术及应用”项目皆获得广东省科技进步奖一等奖。张春良教授主持的“高铁钢轨修磨机器人系统研发与应用”项目、吴会军教授主持的“湿热地区高性能建筑节能材料关键技术及应用”项目皆获得广东省科技进步奖二等奖。

（供稿：科研处）

## 5 月 21 日　裴继刚教授主持“庆祝中国共产党成立 100 周年——现代广州陶瓷彩绘艺术展”

5 月 21 日，由广州市美术家协会陶艺艺术委员会、广东陶瓷协会陶瓷艺术专业委员会、广州图书馆联合主办的“庆祝中国共产党成立 100 周年——现代广州陶瓷彩绘艺术展”在广州图书馆隆重开幕。活动旨在弘扬中华民族优秀文化，振兴优秀传统技艺，探索现代广州陶瓷彩绘艺术创造性表现、创新性发展和文化艺术活力。我院裴继刚教授主持了本次展览，并组织了一批师生优秀作品参展，受到广泛好评。

（供稿：美术与设计学院）

## 5 月 21 日　唐蕾副教授获第十届广东省大学生职业生涯规划教学大赛本科组二等奖

历经月余的校初赛、省复赛和省决赛，由广东省教育厅主办的第十届广东省大学生职业生涯规划教学大赛于 5 月 21 日在广州城市理工学院落下了帷幕。我校招生就业工作处就业指导教研室唐蕾副教授荣获大赛本科组二等奖。

据悉，本届大赛注重课程思政和教学创新，共吸引了全省 120 所高校的 3 138 名教师报名参赛，参赛人数创历史新高。

（供稿：招生就业工作处）

## 5月21日　叶思宇教授在 *Nature Energy* 发表最新综述论文

5月21日，加拿大工程院院士、我校叶思宇教授以共同作者身份，与南方科技大学等单位的研究人员在能源领域国际期刊《自然能源》（*Nature Energy*）发表了题为“Bridging the gap between highly active oxygen reduction reaction catalysts and effective catalyst layers for proton exchange membrane fuel cells”的综述论文。在该文中，RDE 超高催化活性难以在 MEA 得以体现的本质原因得到了分析。在超低 Pt 载量 MEA 中，控制传质阻抗的界面工程化策略得到了分层次、充分的讨论，包括如何解决催化剂活性位局部、催化层体相以及表界面上存在的传质问题。同时，有望缩小 RDE 和 MEA 差距的新型测试评价方法也得到了论证。

（供稿：科研处）

## 5月22日　蔡凌副教授获“格致论道科学传播大使”荣誉称号

5月22日，由中国科学院计算机网络信息中心、中国科学院科学传播局主办的“格致论道”讲坛在广州越秀国际会议中心举办。建筑与城市规划学

院蔡凌副教授被授予“格致论道科学传播大使”的荣誉称号。蔡凌副教授主要从事乡土聚落与建筑遗产保护与利用研究，主持国家哲学社会科学基金项目2项、国家自然科学基金项目1项、教育部人文社会科学基金项目1项，出版专著3部，发表学术论文30余篇等。

（供稿：建筑与城市规划学院）

## 5月22日　杨礼香老师荣获2020年广州科普创新奖科普贡献类（个人）一等奖

5月22日，由广州市科技进步基金会、广州科普联盟举办的2020年广州科普创新奖在广州科技活动周开幕式上举行了颁奖仪式，我校生命科学学院副教授、环境与生态文明科普基地负责人杨礼香老师荣获科普贡献奖（个人）一等奖。

（供稿：科研处、生命科学学院）

## 5 月 23 日　唐馨老师受邀举办施坦威中国钢琴作品音乐会

5 月 23 日晚，受施坦威公司邀请，我校音乐舞蹈学院音乐表演系副主任唐馨副教授主持的师生中国钢琴作品音乐会在施坦威音乐厅圆满举行。整场音乐会由十二首精心挑选的、具有中华民族特色的经典钢琴作品组成，其中有《步步高》《松花江上》《二泉映月》《浏阳河》《山丹丹开花红艳艳》《“茉莉花”幻想曲》《皮黄》《阿瓦日古丽变奏曲》等，演奏形式包括独奏和四手联弹。

（供稿：音乐舞蹈学院）

## 5 月 25 日　章玉萍老师带领学生共同创作的精神健康微电影《坎》和《蛰》近日在广州上映

由我校新闻与传播学院章玉萍老师带领学生共同创作的“跌宕人生，身心健康，有你有我——精神健康系列微电影”《坎》和《蛰》分别于 5 月 14 日、5 月 25 日在华影万晟国际影城（市三宫店）和 CGV 影城（琶洲店）首映。两部微电影由荔湾区残疾人联合会指导，广州利康社会工作服务中心与荔湾区社区精神康复综合服务中心联合发起，旨在呼吁公众关注心理健康议题，消减社会对精神疾病的污名与误解。这既是一次创新性的社会工作服务，也是一次公益传播与学术研究的跨界行动。

（供稿：新闻与传播学院）

## 5月26日　王艺老师荣获2020年广东省广告教育奖“卓越育人奖”称号

5 月 26 日，广东省广告协会 2021 年会盛典在广州香格里拉大酒店隆重举行。此次典礼首次颁发 2020 年广东省广告教育奖，该奖项包括“卓越育人奖”和“优秀学子奖”，其中，我校新闻与传播学院王艺副教授荣获“卓越育人奖”，杨苑婷、叶宏洲两位同学获得“优秀学子奖”。

（供稿：新闻与传播学院）

## 5 月 26 日　吴毅、余文华 2 位老师参与“广东兽类、鸟类、爬行类、两栖类动物志项目工程”



5 月 26 日下午，由广东省科学院动物研究所牵头，广州大学、中山大学等 8 家单位专家参与承担的“广东兽类、鸟类、爬行类、两栖类动物志项目工程”（简称“广东动物志”项目）启动会在广州长隆召开。我校生命科学学院吴毅教授作为《广东兽类志》主编，副院长余文华副教授作为该志书主要编撰专家参与该项目。

（供稿：生命科学学院）

## 5 月 27 日　董旭辉教授团队开展东北兴凯湖生态环境本底调查工作

5 月 27 日，受中国环境科学研究院、黑龙江兴凯湖国家级自然保护区管理局委托，地理科学与遥感学院董旭辉教授团队冼汉标博士、研究生黄颖达赴黑龙江省鸡西市兴凯湖，联合中国环境科学院、中国海洋大学等单位开展兴凯湖生态环境调查与采样。野外工作组在兴凯湖国家自然保护区管理委员会的支持下，安全有序开展工作。

（供稿：地理科学与遥感学院）

## 5 月 28 日　王绚子老师及时助力学生解决难题

5 月 28 日，我校国际教育学院（卫斯理安学院）出国事务部王绚子老师主动并及时地与教务处相关老师进行沟通，协助解决国际教育学院 2021 届毕业生魏同学学业成绩的提前录入工作难题，使该生得以在德国慕尼黑工业大学要求的最终期限 6 月 1 日前提交本科四年的完整成绩单。该名学生最终顺利获得德国慕尼黑工业大学的录取。

（供稿：国际教育学院）

# 我们的大学

June　六月

## 6月1日　南方日报专访魏明海校长：撕掉“偏文”标签，打造四大一流专业方阵

南方日报、南方+专访我校校长魏明海，发文《广州大学校长魏明海：撕掉“偏文”标签，打造四大一流专业方阵》。该报道是省教育厅联合南方日报、南方+客户端开展“金牌专业”全媒体报道活动报道之一。

2021年是广东实施新高考方案的第一年，填报志愿以院校为导向转变为以专业或专业组为导向，更加强调由单纯的考试评价向立德树人重要载体和素质教育关键环节的转变。在报道中，魏明海表示，广州大学推进高水平大学建设以来，发展迅猛，28个学科进入软科2020年“中国最好学科”榜单，10个学科进入软科2021年“世界一流学科”榜单。3年来工程学、计算机科学、化学、材料科学、环境科学/生态学5个学科相继进入ESI学科全球前1%……已经卸下了“偏文科”的标签，明确厚理精工、优文特教、交叉融合、创新发展的新路子，并打造了信息技术、工程技术、经济管理和师范教育四大一流专业方阵，形成了一系列金牌专业，培养创新、创造和创业的“广大人”。

（供稿：宣传部）

## 6月1日　曾大兴教授专著《词学新探》出版

6月，由广州大学教授、中国文学地理学会会长、国内著名柳永研究专家曾大兴先生独著的《词学新探》一书由河北人民出版社正式出版。本书是曾大兴教授继《柳永和他的词》《词学的星空》《20世纪词学名家研究》《唐宋词十八讲》之后的第五部词学论著，也是一部以柳永为中心的词学论著，不仅提出了一系列新的观点和论据，更开辟了词学研究的新领域。

（供稿：人文学院）

## 6月2日　屈哨兵教授任主编的《粤港澳大湾区语言生活状况报告（2021）》在京发布

6月2日，教育部、国家语言文字工作委员会在京发布2021年度中国语言文字事业和语言生活状况报告，我校人文学院客座教授郭熙分别介绍了中国语言文字事业发展报告、中国语言生活状况报告和粤港澳大湾区语言生活状况报告的有关情况。其中，《粤港澳大湾区语言生活状况报告（2021）》由设在我校的国家语委科研中心国家语言服务与粤港澳大湾区语言研究中心组编辑，屈哨兵教授任主编，主要依托广州大学语言学团队研制，是国内首部专题考察国家战略性区域语言生活状况的皮书。

（供稿：人文学院）

## 6月3日　郭兴蓬教授获得“中国腐蚀与防护学会会士”荣誉称号

6月3日，中国腐蚀与防护学会根据学会章程、学会会士条例等规定，经过遴选、学会会士评选委员会评审，公布了2021年度拟授予会士名单。我校化学化工学院郭兴蓬教授和其他10位会员被授予“中国腐蚀与防护学会会士”荣誉称号，同时有4位国外卓越专家学者被授予“中国腐蚀与防护学会会士（外籍）”荣誉称号。

（供稿：科研处）

## 6月7日　谢治菊等3位公共管理学院教授获广东省第九届哲学社会科学优秀成果三等奖

6月7日，经广东省哲学社会科学规划领导小组批准，广东省第九届哲学社会科学优秀成果评奖结果正式公示，广州大学有24项成果获得广东省第九届哲学社会科学优秀成果奖，包括一等奖4项、二等奖14项、三等奖6项。

其中，公共管理学院谢治菊教授著作《差等正义及其批判研究》、陈潭教授和陈芸合作论文《互联网治理的公共议程与行动框架》、姚华松副教授等合作论文《空间的力量：广场舞的社会文化意义与地方认同效应》3 项成果荣获三等奖。

（供稿：公共管理学院）

## 6 月 9 日　董石桃、张茂元教授 2 篇论文被《中国社会科学文摘》2021 年第 5 期转载

6 月 9 日，《中国社会科学文摘》2021 年第 5 期目录在中国社会科学杂志社“中国学派”微信公众号正式发布。在本期目录中，我校公共管理学院共有 2 篇论文获得全文转载、1 篇论文获得论点摘要。其中，董石桃教授原载于《电子政务》2020 年第 11 期的论文《技术执行的组织整合：整体性治理视域下的大数据反腐》和张茂元教授原载于《湖南师范大学社会科学学报》2020 年第 6 期的论文《数字技术形塑制度的机制与路径》同时被《中国社会科学文摘》2021 年第 5 期全文转载。此外，谢俊贵教授原载于《社会科学辑刊》2021 年第 1 期的论文《疫控社会学学科构建的现实基础与发展前瞻》被本期论点摘要为《科学构建疫控社会学学科体系》。

（供稿：公共管理学院）

## 6 月 9 日　王利兵老师入选“息壤学者支持计划”受助青年学者

6 月 9 日，万科公益基金会、中国社会科学院社会学研究所、北京沃启公益基金会共同发起的“息壤学者支持计划”确定了 2021—2022 年入选名单。2021—2022 年该计划主要支持社会科学领域的青年学者开展“生活废弃物”专题研究。其中，我校公共管理学院社会学系助理教授王利兵博士入选并受项目资助。

| 申请人 | 单位 | 课题名称 |
| --- | --- | --- |
| 吴金芳 | 安徽师范大学法学院 | 农作体系变迁视角下的农家生活垃圾堆肥史<br>——基于巢湖流域的实地调查 |
| 李雪石 | 香港中文大学（深圳）<br>人文社科学院 | 基于食物体系理论和方法的食物浪费研究 |
| 宋红娟 | 云南大学<br>民族学与社会学学院 | 知识治理视域下云南民族地区垃圾问题研究 |
| 肖培源 | 同济大学 | 废旧纺织品物质代谢规律与闭路循环再生产业模式建构研究 |
| 郑华伟 | 南京农业大学<br>人文与社会发展学院 | 社会嵌入视角下农村生活垃圾治理农户参与行为研究 |
| 付伟 | 中国社会科学院<br>社会学研究所 | 农村垃圾治理的社会过程<br>——对浙江省某村垃圾处理的过程和机制分析 |
| 王利兵 | 广州大学公共管理学院 | 海滩垃圾及其治理的民族志研究<br>——基于广东硇洲岛的田野调查 |
| 孙旭友 | 山东女子学院社会与法学院 | 城市生活垃圾分类“虎哥模式”的治理创新研究 |
| 钟兴菊 | 重庆大学公共管理学院 | 社会组织参与垃圾分类的实践路径与政策组合路径研究 |
| 蒋培 | 浙江农林大学 | 社会资本重建视域下农民垃圾分类行为的研究 |

（供稿：公共管理学院）

## 6月10日　李增祥、王琮等老师指导的党建案例喜获党组织党建工作创新案例优秀奖

6月10日，中共广东省委教育工委公布了2021年度全省高校基层党组织党建工作创新案例的评选结果。由管理学院党委书记李增祥、党委副书记陈媛、陈绮惠老师指导撰写的党建工作案例《以党员服务站“飞粤计划”科普教育项目践行新时代“党建＋”实践新模式》在评选中获二等奖；人文学院党委书记王琮、党委副书记张立、陈楚敏老师及蔡晓铭老师指导撰写的党建工作案例《党建助力专业行，“3＋”模式育先锋——以人文学院党委语言战“疫”服务活动为例》在评选中荣获优秀奖。

（供稿：党委组织部、人文学院）

## 6月14日　王孟成老师团队在 *Research on Child and Adolescent Psychopathology* 期刊发表学术论文

6月14日，我校教育学院王孟成副教授团队的最新研究“Resting Heart Rate Mediates the Relationship between Parenting Style and Callous Unemotional Traits in Chinese Children”在 *Research on Child and Adolescent Psychopathology*（SSCI－Q1，5－year IF ＝ 4.836）发表，原刊名为 *Journal of Abnormal Child Psychology*。该文通讯作者为王孟成副教授，研究生张新彤和王荣强为文章共同作者。

该研究综合实验与问卷调查法，采用纵向研究设计，从生理角度揭示了中国文化背景下教养方式对儿童冷酷无情特质的作用机制，为儿童行为问题的诊断、干预、治疗提供了一定的理论依据。

（供稿：教育学院）

## 6月17日　谢建社教授、徐凌副教授获批2021年广东省研究生教育创新计划项目

6月17日，广东省教育厅发布了《广东省教育厅关于公布2021年广东省研究生教育创新计划项目的通知》，其中谢建社教授领衔的研究生学术论坛、徐凌副教授领衔的研究生示范课程建设项目均获批。

（供稿：公共管理学院）

## 6月19日　黄丽娟教授团队在第十一届全国大学生电子商务“创新、创意及创业”挑战赛获佳绩

6月19日，第十一届全国大学生电子商务“创新、创意及创业”挑战赛广东选拔赛（以下简称“三创赛”）于线上圆满落幕。本届“三创赛”在惠州大学线上举办，来自华南理工大学、华南师范大学、广东工业大学、华南农业大学、广东财经大学、深圳大学等广东52所高校的2 208支队伍共11 314人参加了本届大赛，最终全省共有24支本科队伍进入特等奖的角逐（我校有3支，是全省最多队伍的学校）。

由广州大学黄丽娟教授团队所指导的2018届工商学子苏佩婷等5位同学组成的“E Live Stream轻直播”项目团队表现尤为突出，该团队一举揽获特等奖、最佳创意奖、最佳创新奖共3项大奖，是全省唯一一支同时获得3个大奖的队伍。

“三创赛”广州大学队伍获奖情况

| 奖项 | 队伍名 | 团队成员 | 指导老师 |
|---|---|---|---|
| 特等奖 | VT客 | 苏佩婷（队长）<br>黄丽婷、柴瑞、黄泽深、王栩义 | 黄丽娟 |
| | 进击的创新队 | 杨安琪（队长）<br>洪枫荻、郑意华、郭德源、方武彪 | 黄丽娟、张延平 |
| 一等奖 | 文翰天子 | 林文彬（队长）<br>马泽瀚、孟子樱、张天桓 | 黄丽娟 |
| 三等奖 | 飞鳄旅行 | 陈佳怡（队长）<br>陈泽、李禧、刘宇涵、莫宝玲 | 无 |
| | 飞针走线 | 雷雨诗（队长）<br>李滔、苏爱凤、梁倩彤 | 冉佳森 |
| | 潮拍星球 | 林艳梅（队长）<br>苏转梓 陈华倩 罗文俊 刘鑫 | 冉佳森 |
| | 打工不如做电商 | 郭雪娟（队长）<br>张梓洋、肖海韵、王晓冰、龙锦颖 | 宋广文 |
| 最佳创新奖 | VT客 | 苏佩婷（队长）<br>黄丽婷、柴瑞、黄泽深、王栩义 | 黄丽娟 |
| | 进击的创新队 | 杨安琪（队长）<br>洪枫荻、郑意华、郭德源、方武彪 | 黄丽娟、张延平 |
| 最佳创意奖 | VT客 | 苏佩婷（队长）<br>黄丽婷、柴瑞、黄泽深、王栩义 | 黄丽娟 |
| 优秀院校组织奖 | 广州大学 | | |

（供稿：管理学院）

## 6月24日　彭峰教授团队最新研究成果被*Nano Energy*报道

我校化学化工学院彭峰教授团队与广东省科学院化工研究所曾炜研究员合作，报道了一种自供电的水凝胶柔性应变传感器，能够在监测人体运动的同时，利用人体的热量为传感器进行供电。相关研究成果发表在国际能源期刊*Nano Energy*上，第一作者为学院研究生陈健豪，广州大学张巧副教授、广东省科学院化工研究所曾炜研究员及张磊高级工程师为共同通讯作者，广州大学为第一通讯单位。

（供稿：科研处）

## 6 月 26 日　常向阳教授为国际教育学院（卫斯理安学院）毕业生送上最美的青春祝福

6 月 26 日上午，我校国际教育学院（卫斯理安学院）在文逸楼 210 室举行学院分会场 2021 届毕业典礼暨 2021 年学位授予仪式，院长常向阳教授为毕业生送上最美的青春祝福。以上图片为参加毕业典礼暨学位授予仪式的师生们集体合影。

（供稿：国际教育学院）

## 6 月 27 日　张爱凤等 7 位老师主编的“广大新视野”传媒学术前沿丛书出版发行

6 月 27 日，“广大新视野”传媒学术前沿丛书由中国传媒大学出版社正式推出，首批共 6 本，包括《源与变：中国电视原创文化节目发展史论》《责与利：中国电视的两难选择》《探赜与思辨：电视创作类型、风格与观念阐释》《转型社会政务微信创新扩散研究——基于广东区县级政府的实证考察》《手机新闻的兴起与媒体融合创新》《手机舆情形成及治理》。该丛书是我校新闻与传播学院发挥学科和师资团队优势的重要学术成果，其主旨在于对新出现的社会问题和社会群体进行系统的回应和探讨，创新传媒思维，对转型期中国传媒的未来走向进行前沿性的思考。

（供稿：新闻与传播学院）

## 6 月 29 日　吕来教授被授予“广州市优秀共产党员”称号

6 月 29 日，在党的百年华诞到来之际，广州市召开“两优一先”表彰大会。我校大湾区环境研究院吕来教授作为广州高校教师代表被授予“广州市优秀共产党员”称号，以表彰其在学生培养、科学研究以及社会服务方面的突出贡献，市领导为其颁发奖章和证书。

（供稿：大湾区环境研究院）

## 6 月 30 日　聂衍刚教授指导本科生在 *International Journal of Environmental Research and Public Health* 发表论文

在我校教育学院聂衍刚教授的指导下，心理学创新班 2018 级本科生罗浩诚在 *International Journal of Environmental Research and Public Health*（SSCI - Q1，5 - year IF = 3.789）发表论文，文章通讯作者为聂衍刚教授，博士后刘庆奇及心理学系喻承甫副教授为共同作者，该文章揭示了父母情感温暖促进青少年亲社会行为的内在机制。论文受国家自然基金面上项目（32071067）和国家级大学生创新训练项目（202111078030）资助。

（供稿：教育学院）

## 6 月 30 日　徐瑾老师指导学生在“城市口袋公园”设计竞赛中获奖

徐瑾老师指导风景园林专业本科学生团队以“咚冀——闻鼓声咚咚，通古今为国拼搏之精神；观圣火熊熊，传河北蓬勃发展之期冀”为设计主题在 6 月 30 日公布的 2021 张家口市城市口袋公园设计竞赛中获荣誉奖。

（供稿：建筑与城市规划学院）

# 我们的大学

July　七月

## 7月1日　韩冬雪教授入选建党百年广州市百名领誓人

T76

时代誓言

我宣誓

惊天动地事　隐姓埋名人

『共和国勋章』获得者孙家栋

奋斗，为我国肿瘤医学科技自立自强

全力奔跑，不为青春留遗憾

把科研论文写在祖国大地上

7月1日，《广州日报》推出庆祝中国共产党成立100周年百版特刊《我宣誓》，在全市遴选了100名优秀共产党员向党宣誓，我校化学化工学院院长、广东省高校“双带头人”支部书记工作室负责人韩冬雪教授光荣入选。作为教育科研战线代表，韩冬雪教授发出了“把科研论文写在祖国大地上，为党育才，科技报国”的庄严誓言。

（供稿：化学化工学院）

## 7月1日　易佐永、梁贞才2位同志在广州市老干部“百年华诞颂党恩”诗词征集活动中荣获佳绩

广州市委老干部局联合广州市文学艺术界联合会举办以“银耀新时代，共筑新征程”为主题的广州市老干部“百年华诞颂党恩”诗词征集活动。我校离退休教职工积极响应，用优秀的诗词作品庆祝中国共产党成立100周年。经第三方专家认真、公正地评审，我校易佐永同志的诗词作品《聆听十九大报告有感》荣获三等奖，梁贞才同志的诗词作品《建党百年随感》荣获优秀奖，学校荣获优秀组织奖。

### 聆听十九大报告有感

易佐永
（广州大学原党委书记）

志壮薄云天，铿铿济世篇。

初心同念念，逐梦更无前。

### 建党百年随感

梁贞才
（广州大学退休教师）

一声大典动八方，
欢庆家家喜若狂。

星火红船承重任，
春光窑洞奏华章。

咆哮万众驱蛮寇，
踏浪千帆过大江。

挺傲天东齐努力，
复兴更待到昌煌。

（供稿：离退休工作处）

## 7月1日　周福霖院士被授予“全国优秀共产党员”称号，何晓晴、吕来、武国松获省市“两优一先”表彰

在庆祝中国共产党成立100周年之际，为表彰先进、弘扬正气，激励广大党员和各级党组织奋勇争先、建功立业，党中央决定，表彰一批全国优秀共产党员、全国优秀党务工作者和全国先进基层党组织。我校工程抗震研究中心主任、中国工程院院士周福霖教授荣获“全国优秀共产党员”称号。

同期，根据省市表彰决定，我校附属中学党委书记何晓晴同志被授予

“广东省优秀党务工作者”称号，大湾区环境研究院党支部副书记吕来教授被授予“广州市优秀共产党员”称号，地理科学与遥感学院学生党总支书记、党务秘书武国松被授予“广州市优秀党务工作者”称号，广州大学土木工程学院工程抗震研究中心党支部被授予“广州市先进基层党组织”称号。

（供稿：宣传部、工程抗震研究中心）

## 7月2日至3日　宋丹霞老师携研究报告参加中国高校第三届教学学术年会

7月2日至3日，由上海交通大学教师发展中心举办的中国高校第三届教学学术年会在线上成功举行，来自全国80余所高校的高等教育学者、教师和教学发展人员相聚云端，探讨后疫情时代教学学术发展的新方向与新路径。我校管理学院宋丹霞老师所撰写的两篇教学学术论文，分别受邀参加会议分会场汇报研讨和海报分享，与参会学者展开了深度对话和广泛交流，对学院的教学学术研究氛围起到了良好的推动作用。

发言证书

尊敬的宋丹霞老师：

感谢您参加中国高校第三届教学学术年会，并作了题为《大学生创新能力培养与专业教育融合 路径及对策分析---基于广州大学的调查》的报告，特发此证，以表感谢！

上海交通大学教学发展中心
2021年7月3日

（供稿：管理学院）

## 7月5日　张灵敏老师指导学生作品获“羊城红讲台”微视频评选活动三等奖

7月5日，中共广州市委组织部开展了“羊城红讲台”微视频评选活动。其中，我校新闻与传播学院作为广州大学代表报送的扶贫纪录片作品《分红啦！湖中村》荣获三等奖。扶贫纪录片《分红啦！湖中村》是学院师生在暑期社会实践中拍摄的作品，由张灵敏老师指导，罗婧文、方武彪、何夏怡、王嘉欣、胡静、廖勉钰、肖欣、陈豪辉、何之瑜等同学通过走访梅州湖中村，在实践中共同努力完成。

（供稿：新闻与传播学院）

## 7月6日　王平山教授团队在构筑金属有机超分子笼及其结构转化方面取得进展

王平山教授团队在构筑金属有机超分子笼及其结构转化方面取得进展。相关成果以“Molecular hexagram and octagram: position determined 3D metallo-supermolecules and concentration-induced transformation”为题发表于化学领域期刊 *Chinese Chemical Letters*。广州大学大湾区环境研究院青年讲师伍暾为论文的第一作者，王平山教授为通讯作者。

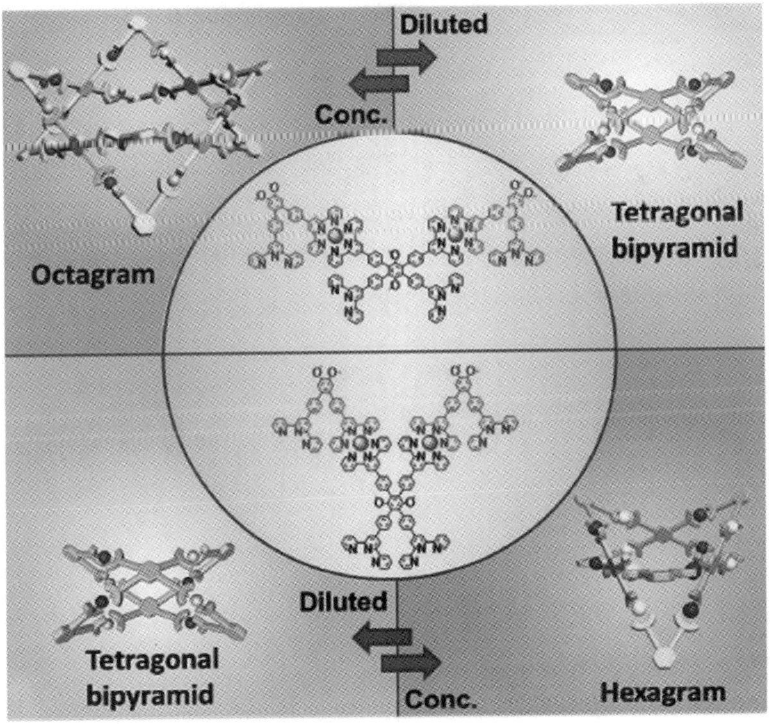


（供稿：科研处）

## 7月8日　姚睿教授受邀参加中国电影家协会贯彻习近平总书记“七一”重要讲话精神座谈会

7月8日下午，中国电影家协会在京组织召开电影界学习贯彻习近平总书记“七一”重要讲话精神座谈会，交流学习讲话的心得体会。我校新闻与传播学院姚睿教授应邀参加座谈会，围绕习近平总书记“七一”重要讲话精神，结合自己的工作实际和创作经历，讲体会，谈感悟，抒情怀，表达了从党的伟大成就和百年奋斗中汲取力量，进一步推动中国电影征程繁荣发展的决心。

（供稿：新闻与传播学院）

## 7月13日　张鸿郭教授团队在硫酸盐还原菌阴极同步产氢除锑方面取得进展

环境科学与工程学院张鸿郭教授团队的博士后 Samuel Raj Babu Arulmani 在 *Science of Total Environment* 上发表了题为“Efficient reduction of antimony by sulfate-reducer enriched bio-cathode with hydrogen production in a microbial electrolysis cell”的文章，张鸿郭教授为通讯作者。

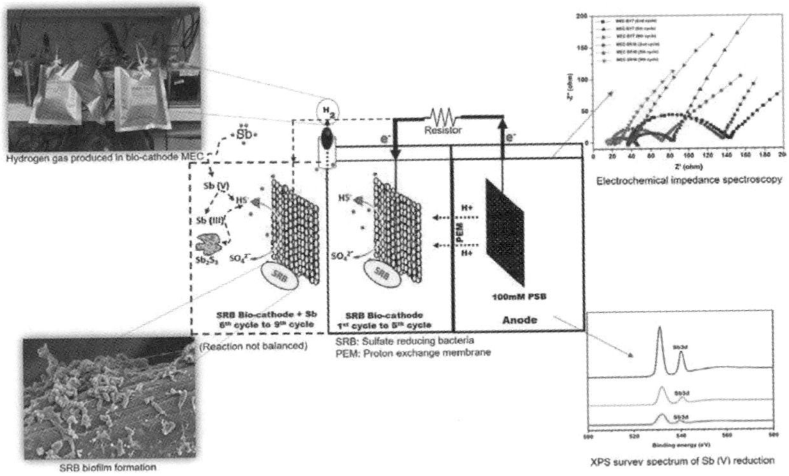


（供稿：科研处）



## 7 月 14 日　30 位教职工和 32 个教师团队分别获评 2021 年师德标兵、黄大年式教师团队

7 月 14 日，学校评选出田长恩等 30 位教职工为我校 2021 年师德标兵，减震防灾教师团队等 32 个教师团队为我校 2021 年黄大年式教师团队。具体名单如下：

**一、2021 年广州大学师德标兵**

田长恩、邱雪梅、曾小军、李卫东、杨恒平、苏远连、莫寰、谢治菊、黄颖仪、王丹、汤志娜、谢洪鲸、邹汉波、龚建周、陈喜强、江帆、陈庆春、汤茂斌、荣宏伟、罗定贵、侯志兰、李黎、蔡忠兵、姜海玲、欧洁华、金友、艾新革、江波、陈洋洋、姜誉。

**二、2021 年广州大学黄大年式教师团队**

五星级团队：减震防灾教师团队、天文学教师团队、大湾区环境科学教师团队、人文地理教师团队。

四星级团队：习近平法治思想与大湾区法治建设教师团队、语言学教师团队、工程管理教师团队、应用心理学教师团队、数字治理教师团队、音乐教育教师团队、信息安全教师团队、环境地球化学教师团队、光电化学及功能材料教师团队、地理信息科学与技术教师团队、科教融合创新驱动的给排水科学与工程专业教师团队。

三星级团队：经济学教师团队、教育学创新发展教师团队、智慧物流与供应链管理教师团队、田径教师团队、创新创业理论与实践教师团队、岭南非遗文创设计与乡村振兴教师团队、智能通信技术教师团队、计算机科学教师团队。

培育团队：体育人文社会学教师团队、文旅融合发展与管理创新教师团队、乡村振兴教师团队、舞蹈编导教师团队、音乐表演实践教师团队、大学数学教师团队、光电专业教师团队、土木工程高性能材料与韧性结构教师团队、空调冷热源工程教师团队。

（供稿：人事处）

## 7月17日至18日　陈楚敏老师等指导的“人文‘新师范’言传师魂队”获省赛一等奖

7月17日至18日，第十六届“挑战杯”广东大学生课外学术科技作品竞赛终审决赛在深圳大学组织举行。由我校人文学院陈楚敏老师、禤健聪教授共同指导，沙敏、许小榕、赵曼晴、刘合、叶定远、彭斯琳、吴雨轩7位汉语言文学专业师范生组建的“人文‘新师范’言传师魂队”的参赛作品《言传师魂，行践师德——“新师范”背景下高校师范生演说能力培养策略研究》在本次大赛中脱颖而出，斩获省赛（哲学社科类）一等奖。

（供稿：人文学院）

## 7月17日　张爱凤教授指导学生作品获第16届“挑战杯”广东大学生课外学术科技作品竞赛特等奖

7月17日，由我校新闻与传播学院副院长张爱凤教授指导，杨子曦、王玉洁、李佩玉3位同学参与创作的“挑战杯”哲学社科类重点项目《“乡村振兴”背景下三农短视频助力新农村建设新路径研究》，经过层层筛选，在决赛中从全省700多个项目中脱颖而出，斩获省级特等奖！在张爱凤教授指导下，团队撰写的调研报告《“乡村振兴”背景下“三农”短视频发展研究》发表至《网络舆情》内参刊物。

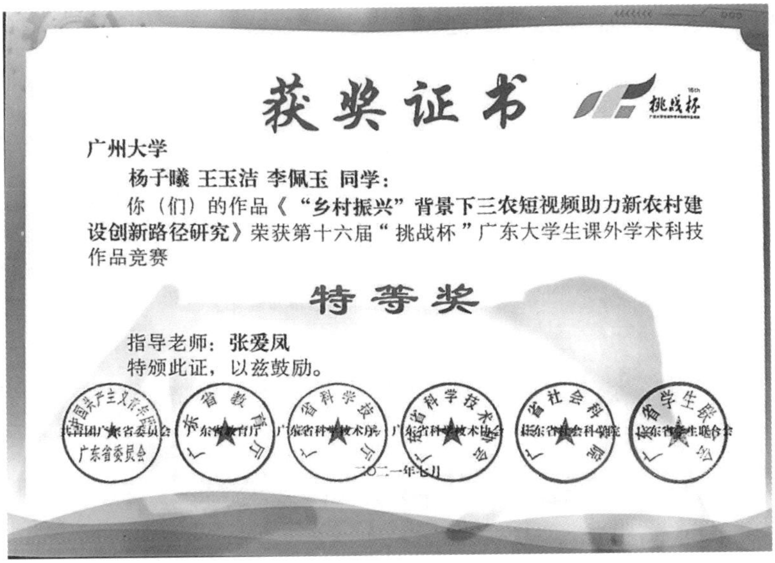

# 获奖证书

广州大学

杨子曦 王玉洁 李佩玉 同学：

你（们）的作品《“乡村振兴”背景下三农短视频助力新农村建设创新路径研究》荣获第十六届“挑战杯”广东大学生课外学术科技作品竞赛

特等奖

指导老师：张爱凤

特颁此证，以兹鼓励。

二〇二一年七月

（供稿：新闻与传播学院）

## 7 月 19 日　刘宝辉教授获评“感动广州的最美教师”

7 月 19 日，市教育局、市总工会、市精神文明建设委员会办公室发出《关于 2021 年“感动广州的最美教师”名单的通报》，我校生命科学学院刘宝辉教授为 10 位“感动广州的最美教师”之一。

刘宝辉教授是国务院政府特殊津贴获得者，率领团队在光周期调控大豆开花研究领域处于国际领跑地位，研究成果在 2017、2020 年分别被列入中国十大农业科技进展。

（供稿：宣传部、校工会）

## 7 月 19 日　田秋生、李雁、邹军老师主编《新闻传媒类专业课程思政系列丛书·社会实践系列》书籍正式出版

7 月 19 日，由我校新闻与传播学院院长田秋生教授、党委书记李雁、副院长邹军教授合编的《青春在新闻扶贫中闪光》和《新闻学子讲扶贫故事》正式由南方出版传媒出版发行。这两本书属于学院推出《新闻传媒类专业课程思政系列丛书·社会实践系列》的一部分，以新闻与传播学院 2018、2019 年暑期社会实践为主要内容，记录了我院师生在新闻扶贫过程中的点点滴滴。

（供稿：新闻与传播学院）

## 7 月 24 日　纪德君教授当选民盟广州市委副主任

7 月 24 日，我校人文学院纪德君教授在民盟广州市第十七次代表大会中，当选为民盟广州市第十七届委员会委员；同日，在第一次全体委员会议中当选为民盟广州市第十七届委员会常务委员、副主任委员。

（供稿：人文学院）

## 7 月 27 日　彭凌西等老师指导研究生在中国研究生创新实践系列大赛中荣获佳绩

在彭凌西、肖忠和刘长红老师带领下，我校电子与通信工程学院研究生李动员和李宏寅分别所在的“智联探水者”和“Block Coding”两个团队，在中国研究生创新实践系列大赛中荣获二等奖和三等奖。

（供稿：电子与通信工程学院）

## 7月29日　曾衍瀚、浣沙老师带领学生在第五届“全国大学生集成电路创新创业大赛”华南赛区总决赛中取得佳绩

第五届“全国大学生集成电路创新创业大赛”华南赛区总决赛在福州举行，电子与通信工程学院9名同学在曾衍瀚、浣沙老师的带领下，获得了1项一等奖、2项三等奖的好成绩。

（供稿：电子与通信工程学院）

## 7月30日　张爱凤、喻彬等4位老师指导的项目获第十七届“挑战杯”全国大学生课外学术科技作品竞赛红色专项活动奖项

7月30日，第十七届“挑战杯”全国大学生课外学术科技作品竞赛红色专项活动公布赛果，我校新闻与传播学院张爱凤、王童辰老师指导的《传承红色血脉，弘扬英雄精神——走近“90后”守墓人陈晓惠（洒青春热血于红土，承红色血脉于今朝）》荣获国赛二等奖；人文学院喻彬、韩宝玉老师指导的《“苏区精神，薪火相传”——苏区革命精神对紫金县苏区镇发展的影响调研》荣获国赛三等奖。

（供稿：校团委、人文学院、新闻与传播学院）

## 7月30日　朱竑教授团队在*Science*发表Letter文章

7月30日，我校地理科学与遥感学院朱竑教授团队在*Science*以Letter的形式发表题为“Mitigate human-wildlife conflict in China”的文章。朱竑教授为该文章的通讯作者，尹铎副教授为第一作者，袁振杰副教授与李颉副教授分列第二与第三作者。同期还有华盛顿大学Briana Abrahms助理教授关于气候变化背景下人与野生动物冲突等观点型文章的探讨（英文题目为“Human-wildlife conflict under climate change”），共同组构了系列研究主题。

（供稿：科研处、地理科学与遥感学院）

# 我们的大学

August　八月

## 8 月 5 日　赵楠楠老师获广东省大中小学思政课一体化教学展示交流活动一等奖

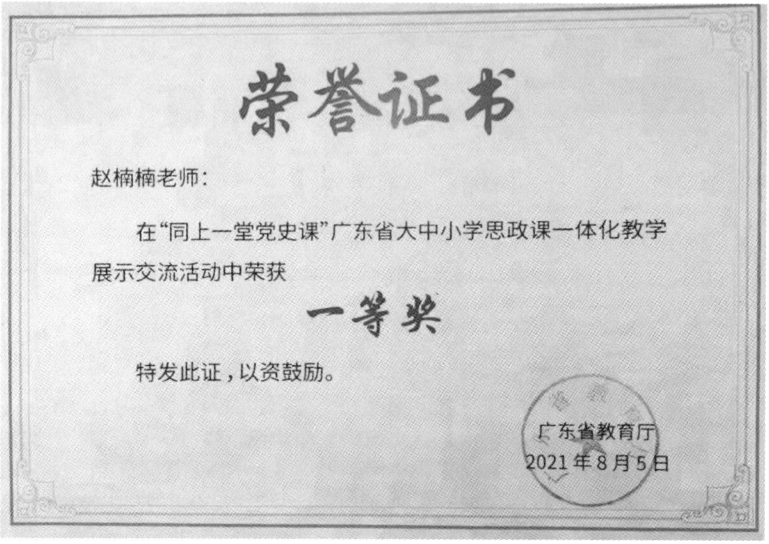
荣誉证书

赵楠楠老师：

在“同上一堂党史课”广东省大中小学思政课一体化教学展示交流活动中荣获

一等奖

特发此证，以资鼓励。

广东省教育厅

2021 年 8 月 5 日

8 月 5 日，“同上一堂党史课”广东省大中小学思政课一体化教学展示交流活动评审结果出炉，我校马克思主义学院赵楠楠老师“我们的誓言：展望未来共产主义新社会”教学设计获得一等奖。

（供稿：马克思主义学院）

## 8 月 6 日至 11 日　朱竑教授与袁振杰副教授牵头发起 2021 年广东省人文地理学研究生暑期学校

8 月 6 日至 11 日，由地理科学与遥感学院朱竑教授与袁振杰副教授牵头发起的以“人文地理学理论与实践前沿”为主题的 2021 年广东省人文地理学研究生暑期学校以线上方式顺利举行。这次暑期学校共计吸引国内外近 1 200 位师生参加，开班期间在线活跃学员超过 11 000 人次。暑期学校由华南人文地理与城市发展研究中心承办，通过腾讯会议及腾讯会议直播两大平台同步开展。本届暑期学校受广东省教育厅研究生教育创新计划项目（2022SQXX032）资助。

（供稿：地理科学与遥感学院）

## 8月11日　曾馨婵、闻志强老师分别在省第十届师德主题征文及微视频征集活动中获奖

8月11日，我校法学院曾馨婵老师作品《“求真与崇正：师者的能与德之美”》和闻志强老师作品《守教育初心、担育人使命》分别在广东省第十届师德主题征文及微视频征集活动中荣获二等奖及三等奖。

（供稿：法学院）

## 8月11日　苏申等老师指导的项目在第七届中国国际“互联网+”大学生创新创业大赛广东省分赛中获奖

8月11日，“建行杯”第七届中国国际“互联网+”大学生创新创业大赛广东省分赛决赛公布赛果，我校选送的由苏申等老师指导的17个参赛项目全部获奖，获得金奖15项、银奖2项，金奖总数位居全省第一。同时，我校获得高教主赛道优秀组织奖、红旅赛道优秀组织奖，创造我校在本项赛事中历史最佳成绩。

获奖项目如下：

| 序号 | 项目名称 | 项目负责人 | 指导教师 | 所属学院 | 赛道组别 | 奖项 |
|---|---|---|---|---|---|---|
| 1 | 空盾科技——区块链应用生态安全领航者 | 林炼升 | 苏申、田志宏、王满四、鲁辉、谭庆丰 | 计算机科学与网络工程学院 | 本科生创意组 | 金奖 |
| 2 | 冠腾涂层科技有限公司 | 柏仕林 | 汪黎明 | 化学化工学院 | 本科生创意组 | 金奖 |
| 3 | 芯立创半导体——用AI和IP授权加速芯片设计 | 植浩昌 | 曾衍瀚、王满四 | 电子与通信工程学院 | 本科生创意组 | 金奖 |
| 4 | 城安隧研——地铁隧道安全智慧感知领航者 | 岳云鹏 | 刘海、崔杰、范丽繁、杜晶晶 | 土木工程学院 | 研究生创意组 | 金奖 |

（续上表）

| 序号 | 项目名称 | 项目负责人 | 指导教师 | 所属学院 | 赛道组别 | 奖项 |
|---|---|---|---|---|---|---|
| 5 | 侦察者——水下结构病害智能识别机器人 | 张怡孝 | 傅继阳、刘爱荣、陈炳聪、汪大洋、袁向荣、谢丹、杜晶晶 | 土木工程学院 | 研究生创意组 | 金奖 |
| 6 | 医视健康 | 芦浩然 | 张延平、王满四、杜晶晶 | 土木工程学院 | 初创组 | 金奖 |
| 7 | 精粹教育——品牌直播电商全链条服务引领者 | 孙伟 | 李鲤、苏凡博、陈浩、杜晶晶 | 新闻与传播学院 | 初创组 | 金奖 |
| 8 | 中硕设计——科教智慧空间设计服务创领者 | 王铠宏 | 李琨、王满四、刘向晖、徐志伟 | 美术与设计学院 | 初创组 | 金奖 |
| 9 | 冲研强化——工业机器人轴承可靠运行的护航者 | 吴俊 | 刘晓初、梁忠伟、萧金瑞、黄卫清、张建辉 | 机械与电气工程学院 | 师生共创组 | 金奖 |
| 10 | 艺术甜公益——助力心智障碍儿童走出困境的大学生团队 | 叶珊珊 | 周杰、王满四、罗洁、王菂 | 美术与设计学院 | 红旅公益组 | 金奖 |
| 11 | 以伴教育——您为乡村振兴，我为您家伴学 | 龚旺 | 聂衍刚、王满四、林雪松、杜晶晶 | 经济与统计学院 | 红旅公益组 | 金奖 |
| 12 | 豆惠万家——重树中国大豆原产地优势 | 侯智红 | 孔凡江、肖杏烟、汤杨、王满四、南海洋、王秋月 | 生命科学学院 | 红旅创意组 | 金奖 |

（续上表）

| 序号 | 项目名称 | 项目负责人 | 指导教师 | 所属学院 | 赛道组别 | 奖项 |
| --- | --- | --- | --- | --- | --- | --- |
| 13 | 超净双驱——农村以废治废技术先驱 | 韩沐恩 | 吕来、胡春、罗顺均、周翔 | 环境科学与工程学院 | 红旅创意组 | 金奖 |
| 14 | 知行研学——知行三色资源，研学美丽乡村 | 李翔 | 陈潭、王满四、张延平、许莹冰、陈媛 | 管理学院 | 红旅创业组 | 金奖 |
| 15 | 广咩文创非遗新玩家——致力于用创新设计赋能传统非遗活态传承 | 潘卓彤 | 贺景卫、裴继刚、陈贤昌、李银广、袁媛、徐志伟 | 美术与设计学院 | 红旅创业组 | 金奖 |
| 16 | 千方智安攻防平台——新时代AI安全捍卫者 | 谢禹舜 | 顾钊铨、王乐、田志宏、唐可可、杜晶晶 | 计算机科学与网络工程学院 | 研究生创意组 | 银奖 |
| 17 | 虚拟直播科技——助力农村直播带货，赋能乡村产业振兴 | 高清华 | 黄丽娟、杜晶晶、王满四、秦伟 | 管理学院 | 红旅创业组 | 银奖 |

（供稿：教务处、创新创业学院）

## 8月16日　喻彬教授编导的话剧《信念》获教育部关工委颁奖

8月16日，教育部公布了2021年“读懂中国”活动评审结果。其中，我校人文学院喻彬教授编导的话剧《信念》获得优秀舞台剧奖。该话剧以我校原信息安全研究所所长裴定一教授为原型，通过人文剧社的生动演绎，体现了那个时代出国深造的我国青年学者振兴中华、报效祖国的坚强信念。据悉，近一年时间里，喻彬教授带领广州大学人文学院的学生创作的戏剧和影视作品参加国家、省、市等各级大赛，共获得了27个奖项。

（供稿：人文学院）

## 8月17日 田秋生、李雁、刘玉萍3位老师收到中国人民解放军驻香港部队感谢信

我校新闻与传播学院田秋生院长、李雁书记、刘玉萍教授主动承担驻香港部队展览中心建设任务，组织人员高标准完成8万字解说词粤语语音灌录工作，为面向香港社会发挥展览中心功能作用奠定重要语言基础，充分彰显了我院主动担当、严谨细致的工作态度和一丝不苟、精益求精的工作标准，体现了对驻香港部队建设和工作的大力支持。8月17日，驻港部队特发来感谢信并高度评价。

（供稿：新闻与传播学院）

## 8月17日 牛利教授担任负责人的实验室获批2022年市重点实验室建设项目

8月17日，广州市科学技术局发布了《2022年度市基础研究计划市重点实验室建设项目拟立项项目公示》的通知，我校分析科学技术研究中心主任牛利教授担任负责人的“广州市传感材料与器件重点实验室（2022年度）”

获批立项建设。

（供稿：科研处）

## 8 月 24 日　王菂等老师指导的产学合作协同育人项目获教育部立项

| 项目类型 | 公司名称 | 项目名称 | 项目负责人 |
| --- | --- | --- | --- |
| 新工科、新医科、新农科、新文科建设 | 湖南机油泵股份有限公司 | 基于工坊式教学的工业设计拔尖人才创新实践能力培养研究 | 王菂 |
| 新工科、新医科、新农科、新文科建设 | 上海萌泰数据科技股份有限公司 | 面向乡村振兴的新文科人才培养模式改革与创新 | 谢治菊 |
| 教学内容和课程体系改革 | 遨博（北京）智能科技有限公司 | 新工科背景下机器人工程专业视觉与传感课程体系改革与实践 | 马鸽 |
| 教学内容和课程体系改革 | 北京钢铁侠科技有限公司 | 机器视觉课程教学内容和实验项目创新建设 | 綦科 |
| 教学内容和课程体系改革 | 北京文华在线教育科技股份有限公司 | 广州大学—文华在线课程思政教学研究与实践中心建设 | 聂衍刚 |
| 教学内容和课程体系改革 | 北京炎凌嘉业机电设备有限公司 | 基于虚拟现实技术的《国际贸易实务》课程资源开发与应用 | 李春景 |
| 教学内容和课程体系改革 | 佛山市金佳机电有限公司 | “新工科”视野下工程材料实验教学改革 | 胡一丹 |
| 教学内容和课程体系改革 | 广东海川机器人有限公司 | 新工科”视野下机械设计教学内容与课程体系改革 | 戴杰涛 |
| 教学内容和课程体系改革 | 广东海川机器人有限公司 | 电力电子技术教学改革 | 刘华 |
| 教学内容和课程体系改革 | 广东海川机器人有限公司 | 机器人机构技术教学内容优化研究 | 江帆 |
| 教学内容和课程体系改革 | 广东海川机器人有限公司 | 基于 CDIO 工程教育模式的理论力学教学改革 | 王一军 |
| 教学内容和课程体系改革 | 广东海川机器人有限公司 | 基于工程案例的工程材料教学改革 | 胡一丹 |
| 教学内容和课程体系改革 | 广东海川机器人有限公司 | 液压与气动技术教学改革 | 李爱社 |
| 教学内容和课程体系改革 | 广东中设智控科技股份有限公司 | “新工科”机械专业控制类课程教学改革 | 刘镇章 |
| 教学内容和课程体系改革 | 广东中设智控科技股份有限公司 | 大数据背景下《工业企业管理》课程教学改革 | 徐红辉 |
| 教学内容和课程体系改革 | 广东中设智控科技股份有限公司 | 机器学习在机构分析教学中的应用研究 | 江帆 |
| 教学内容和课程体系改革 | 广东中设智控科技股份有限公司 | 面向智能制造的数控技术教学改革与探索 | 李东炜 |
| 教学内容和课程体系改革 | 广东中设智控科技股份有限公司 | 新工科背景下《单片机技术》课程教学改革模式研究 | 朱厚耀 |
| 教学内容和课程体系改革 | 广州粤嵌通信科技股份有限公司 | 5G 时代的粤剧非遗虚拟云平台 | 熊忆 |
| 教学内容和课程体系改革 | 广州粤嵌通信科技股份有限公司 | 基于校企协同育人的《物联网综合实践》改革与实践 | 曾衍瀚 |
| 教学内容和课程体系改革 | 广州粤嵌通信科技股份有限公司 | 计算机类专业校企协同课程改革 | 汤茂斌 |
| 教学内容和课程体系改革 | 湖南三书礼文化发展有限公司 | 大数据环境中传统教学和碎片化教学相结合的大学物理教学新模式 | 袁聿海 |
| 教学内容和课程体系改革 | 上海尖精数字科技有限公司 | 创新能力导向的《语言学导论》金课建设 | 李植元 |
| 教学内容和课程体系改革 | 上海尖精数字科技有限公司 | 三维一体打造“金课”理念下的《品牌策划与传播》课程教学改革研究 | 刘涛 |
| 教学内容和课程体系改革 | 深圳市优必选科技股份有限公司 | 新工科背景下物联网与智能软硬件系统技术教学内容和教学体系探究 | 尚文利 |
| 教学内容和课程体系改革 | 深圳市越疆科技有限公司 | 新工科背景下《人工智能》教学内容和课程体系改革研究 | 尚文利 |
| 教学内容和课程体系改革 | 新大陆科技集团有限公司 | 新工科背景下人工智能专业实践课程内容体系改革 | 汤茂斌 |
| 师资培训 | 固高派动（东莞）智能科技有限公司 | 面向智能控制技术的师资培训体系构建 | 徐红辉 |
| 师资培训 | 固高派动（东莞）智能科技有限公司 | 面向智能制造技术的师资培训体系构建 | 刘镇章 |
| 师资培训 | 固高派动（东莞）智能科技有限公司 | 智能制造及机器视觉专业师资培训 | 赵辉 |
| 师资培训 | 固纬电子（苏州）有限公司 | 工程教育背景下电力电子技术实验教学师资建设 | 王建晖 |
| 师资培训 | 广州市风标电子技术有限公司 | Proteus 特殊调试与诊断高级培训 | 彭凌西 |
| 师资培训 | 广州市英途信息软件股份有限公司 | 新文科背景下虚拟情景实训系统课程研修班 | 钟庆 |
| 师资培训 | 湖南机油泵股份有限公司 | 虚拟仿真背景下设计专业教师师资培训 | 罗冠林 |
| 师资培训 | 龙芯中科技术股份有限公司 | 多路处理器教学实验系统师资培训项目 | 陶文正 |
| 师资培训 | 南京优速网络科技有限公司 | 网络空间安全师资培训项目 | 夏隽娟 |
| 师资培训 | 山东瘦课网教育科技股份有限公司 | “互联网 + 虚拟现实技术”在高校金融专业实践教学中的应用研究 | 冯锐 |
| 师资培训 | 上海萌泰数据科技股份有限公司 | 社会调查与数据挖掘高级人才师资培养项目 | 李双龙 |
| 师资培训 | 新华三技术有限公司 | 深度学习安全对抗技术研究 | 李婧 |
| 实践条件和实践基地建设 | 广州冠岳网络科技有限公司 | 红色文化艺术创作与乡村振兴实践基地 | 罗洁 |
| 实践条件和实践基地建设 | 广州汇标检测技术中心 | 土壤环境协同创新实验室 | 吴启航 |
| 实践条件和实践基地建设 | 上海恩艾仪器有限公司 | 基于 NI 平台的电子信息创新实验室建设 | 唐冬 |
| 实践条件和实践基地建设 | 上海哲寻信息科技有限公司 | 突发公共卫生事件情景仿真实验平台建设 | 陈晓佳 |
| 创新创业教育改革 | 广州冠岳网络科技有限公司 | 竞赛·项目双轮驱动的创新创业教育改革 | 刘雪梅 |
| 创新创业教育改革 | 湖南机油泵股份有限公司 | 基于工坊式教学的工业设计拔尖人才创新创业教育研究 | 王菂 |
| 新创业教育改革 | 上海尖精数字科技有限公司 | 新工科背景下的大学信息技术开放创新实践基地建设 | 赵文静 |

八月

8月24日，教育部（教高司函〔2021〕14号）公布了2021年第一批产学合作协同育人项目立项名单。我校王菂等老师指导的共46个项目获得立项，其中新工科、新医科、新农科、新文科建设2项，教学内容和课程体系改革25项，师资培训12项，实践条件和实践基地建设4项，创新创业教育改革3项，获批项目总数位居广东高校第二位。

近年来，为深入贯彻《国务院办公厅关于深化产教融合的若干意见》（国办发〔2017〕95号）精神，落实《教育部工业和信息化部中国工程院关于加快建设发展新工科实施卓越工程师教育培养计划2.0的意见》（教高〔2018〕3号）要求，我校高度重视深化产教融合、校企合作，持续深入落实并积极组织申报产学研合作项目工作，成效显著，目前已累计立项213项，立项总数位列广东省第一位。

（供稿：教务处）

## 8月25日　王锋教授成为SKA科学数据处理团队的核心研发人员

8月25日，国际大科学工程——平方公里阵列射电望远镜天文台（Square Kilometre Array Observatory，SKAO）与我校正式签订了SKA科学数据处理（Science Data Processor，SDP）软件开发框架合同（Software Development Framework Contract），是我国与SKA国际组织签署的首个SKA工程建设采购合

同。物理与材料科学学院天文系王锋教授成为SKA科学数据处理团队的核心研发人员。这意味着我校成为全球瞩目的SKA望远镜的建设单位之一。在未来的8年时间里，我校将参与SKA科学数据处理软件研发，承担其中的高性能数据处理、高性能分析算法等方面的工作。

（供稿：科研处、物理与材料科学学院）

## 8月26日　朱竑教授领衔申报的项目获普通高校创新团队项目

8月26日，广东省教育厅公布了2021年度普通高校重点科研平台和项目立项名单，地理科学与遥感学院朱竑教授领衔申报的《人文地理与区域战略研究创新团队》（2021KCXTD018）获得2021年度广东省普通高校创新团队项目（自然）。此外，根据2021年8月25日广东省教育科学规划领导小组办公室关于公布2021年度教育科学规划课题（高等教育专项）立项名单的通知，朱竑教授申报的《基于成果导向（OBE）的引导型教学模式：以文化地理学课程为例》（2021GXJK164）也获得批准。

（供稿：地理科学与遥感学院）

## 8月27日　刘翠红、陈咸瑜、林晖获2021年“南粤优秀教师”荣誉称号

在中国共产党成立100周年和第37个教师节来临之际，中共广东省委教育工委、广东省教育厅、广东省人力资源和社会保障厅、广东省总工会对南粤优秀教师和南粤优秀教育工作者进行了表彰。我校刘翠红、陈咸瑜、林晖三位教师被授予“南粤优秀教师”荣誉称号。

（供稿：人事处）

## 8月28日　曾丽红、杨健等老师指导的学生作品在第九届全国高校数字艺术设计大赛广东省赛获佳绩

8月28日，在第九届全国高校数字艺术设计大赛广东省赛中，曾丽红、

杨健指导作品《归·觅——拯救西关大屋》获一等奖，曾丽红指导作品《开启星球漫游之旅》、汪润时指导作品《“点”到即止》、唐若寻指导作品《节庆来槟》皆获三等奖。曾丽红副教授、杨健分别获“优秀指导教师”称号。

（供稿：新闻与传播学院）

## 8月28日　曾衍瀚副教授带队指导学生在第五届全国大学生集成电路创新创业大赛再获佳绩

8月28日，第五届全国大学生集成电路创新创业大赛总决赛在重庆举行。

电子与通信工程学院曾衍瀚副教授带队指导的 2017 级物联网工程专业本科生植浩昌、2017 级电子信息科学与技术本科生陈涌楠和陈俊凯组成的“建设中的高水平小组”队荣获“燕东微电子杯”全国二等奖。

（供稿：电子与通信工程学院）

## 8 月 29 日　方建平、陈志明 2 位老师指导学生作品在教育部关工委 2021 年“读懂中国”活动中荣获佳绩

| 作品类别 | 作品名称 | 受访“五老”姓名 | 作者 | 指导教师 |
| --- | --- | --- | --- | --- |
| 短视频 | 入党誓词的笃行者 | 高志光 | 陈思达、卢珮瑄、曹璇、颜璐、陈楚敏、张立 | 方建平、陈志明 |
| ▲最佳短视频奖 | | | | |
| 作品类别 | 作品名称 | 受访“五老”姓名 | 作者 | 指导教师 |
| 舞台剧 | 信念 | 裴定一 | 蔡嘉洋、麦悦瑶、陈年起、何国鸿、巫志杰、李忻蔚、陈璐、阿衣尼格热·亚森江、廖太非、周楚、黎姝茁茁、吴欣怡、卢慧敏、林妍伶、王玉洁、陈洁璐、黄华洁、岳婉滢 | 喻彬、张立、方建平 |
| ▲优秀舞台剧奖 | | | | |

2021 年“读懂中国”系由教育部关工委主办，在全国高校以“讲好入党故事，传承红色基因”为主题开展的系列活动，旨在深入学习贯彻习近平总书记对关心下一代工作的重要指示精神，全面落实《新时代爱国主义教育实施纲要》，庆祝中国共产党成立 100 周年。8 月 29 日，我校新闻与传播学院方建平副书记和离退处陈志明副处长指导学生创作的短视频《入党誓词的笃行者》荣获最佳短视频奖；人文学院喻彬教授编导、人文剧社演出、新闻与传播学院负责拍摄制作的话剧《信念》荣获优秀舞台剧奖。

（供稿：新闻与传播学院）

## 8月31日　陈志峰、郑艳华2位老师指导学生在第九届全国大学生光电设计竞赛中获优异成绩

8月31日，第九届全国大学生光电设计竞赛落下帷幕，物理与材料科学学院代表广州大学派出4支队伍参赛。在前期的东南区竞赛中，我院队伍获得了一等奖2项及二等奖2项，其中“艺术细胞”与“三带一队”获一等奖并获推荐参加全国赛，同时广州大学获优秀组织奖。经过全国赛的激烈角逐，“艺术细胞”突围而出，获得全国赛一等奖，“三带一队”获得全国赛三等奖，陈志峰、郑艳华老师获优秀指导教师奖。

（供稿：物理与材料科学学院）

# 我们的大学

September 九月

## 9月10日　章典教授领衔国际研究团队在青藏高原发现世界上最古老的岩面艺术

9月10日，地理科学与遥感学院章典教授领衔的国际团队在高水平期刊*Science Bulletin*（JCR一区，最新影响因子为11.78）在线登载题为“Earliest parietal art: hominin hand and foot traces from the middle Pleistocene of Tibet”的文章。章典教授为第一作者兼共同通讯作者，讲师王蕾彬博士、张盛达博士，研究生王晓晴，博士后李腾以及院长吴志峰教授为共同作者。文章目前处于期刊预校样阶段，尚未正式发表，即迅速在国内外引起广泛关注。至今，网络上已有中、英、法、德、西、意、俄、日等多国文字的报道或解读，雅虎、NBC、AAAS等知名新闻媒体、学术网站均给予了相关报道或转载；中国科学杂志社、腾讯、百度、新浪、网易、搜狐等国内媒体亦对此进行了持续追踪报道。

（供稿：地理科学与遥感学院）

## 9月10日　宋丹霞、谢洪明2位老师的管理案例首次入选“全国百优案例”

9月10日，全国工商管理硕士教育指导委员会公布了第十二届“全国百篇优秀管理案例”评审结果，我校管理学院的宋丹霞副教授和谢洪明教授开发的原创性案例《云家居：开启定制家居工业 4.0 时代》脱颖而出，入选全国百优案例。这是我校首篇入选的百优案例，标志着我校管理案例研究与开发工作取得了重大进展。“百优案例”是全国工商管理案例领域的最高奖项，先后被纳入教育部第三轮学科评估指标体系（C5 指标）和工商管理硕士专业学位水平评估指标体系（C1 指标）。

| 序号 | 案例名称 | 学校 | 作者 |
|---|---|---|---|
| 66 | 与时间赛跑：诺瑞思达公司产品交货期管理变革 | 西北工业大学 | 黄辉，孙勇和，李瑞琪，孙三峰，黄方方 |
| 67 | 迈向城市运营：央企中建丝路的纵向一体化 | 西安交通大学 | 冯耕中，张武林，张晓红，李纯青 |
| 68 | G高校妙用“快递柜”：“无接触”巧解报销难 | 浙江工商大学 | 陈觉，汤彭芳，郑胜华 |
| 69 | 从文化寻魂到文化赋能——重山集团的文化变革 | 山东理工大学 | 王新军，李忠华，张立涛 |
| 70 | 承诺致胜——诺唯赞绩效体系重塑的创新之道 | 东南大学 | 周路路，张戌凡，赵曙明 |
| 71 | 藏器于身，侍时而动：王军与小未科技的数字化创业之旅 | 大连理工大学 | 汪玥琦，赵子溢，胡辰光 |
| 72 | 以道御术：华安立高基于传统文化的中国式管理实践 | 广东工业大学 | 晋琳琳，王丽，熊乐，奚菁，邢莹莹 |
| 73 | 东方灵盾：使命驱动的创新与创业 | 同济大学 | 李清海 |
| 74 | 云家居：开启定制家居工业4.0时代 | 广州大学 | 宋丹霞，刘彤彤，卢康清，谢洪明 |
| 75 | 冠军是“我”：海信如何打造世界级品牌的脸谱画像? | 南开大学 | 许晖，李阳，周琪，张超敏 |
| 76 | 东方汽车的生态战略---构建客户全消费周期服务生态圈 | 江南大学 | 刘燕，王晓铭，金子，金翎，钱怡雯，许时慧 |
| 77 | 一碗燕窝的鲜炖之旅——小仙炖的产品和服务设计 | 西南大学 | 石声萍，徐天娇，罗竟源，吴悠，谭畅 |
| 78 | 大国重器，突破封锁：光洋集团攻克数控机床卡脖子技术历程 | 北京交通大学 | 曾德麟，欧阳桃花，叶碧奇，周放生，王秋颖，蔡家玮 |
| 79 | 智联万物，千帆共起：易站智联的数字创业与船舶工业互联网实践 | 暨南大学 | 苏晓华，戴春晓，王文杰，张耀辉，段海霞，易小兵 |
| 80 | “竞争性合作”抑或“合作性竞争”？ ——海信与日立联姻之路 | 西南大学 | 谭畅，石声萍，刘林青，吴悠 |
| 81 | 星火燎原：海信“海外根据地”演进之路 | 山东大学 | 王益民，徐月华，苏钱宏，徐萌，王艺晓，许建邦，陈柯，和佳琪 |
| 82 | 文和友：文化餐饮如何创造极致的顾客体验? | 中南大学 | 周文辉，汪刘丽媛，何奇松 |
| 83 | 梦饷集团：基于分销模式社群电商的价值创造 | 中国科学院大学 | 汪寿阳，张硕，乔晗（通讯作者），王敏，冷静 |
| 84 | 正泰集团：传统制造企业的数字化转型之旅 | 浙江财经大学 | 应瑛，邬爱其，刘洋 |
| 85 | “菜市场里的美好生活”——菜篮子集团菜市场基于顾客体验价值的服务创新探索 | 浙江大学 | 黄浏英，王锴云，应天煜 |
| 86 | 勠力同心 臻于至善——巨邦的精益之路 | 宁波财经学院 | 赵京芳，支豪止，陈哲宇，张露尹 |
| 87 | 山从平地起：小仙炖的战略创新之路 | 大连理工大学 | 林海芬，海淼 |

（供稿：管理学院）

## 9月10日　刘翠红老师获2021年“南粤优秀教师”荣誉称号

在中国共产党成立100周年和第37个教师节来临之际，物理与材料科学学院刘翠红老师被授予“南粤优秀教师”荣誉称号。刘翠红教授为我院光电专业负责人，主要从事低维半导体系统非线性光学的研究。

（供稿：物理与材料科学学院）

## 9月10日　纪德君、丁云飞、王满四3位教授获第十届广东省高等学校教学名师奖

9月10日，广东省教育厅公布了第十届广东省高等学校教学名师奖（本科）获得者名单，我校纪德君、丁云飞、王满四3位教授荣获第十届广东省高等学校教学名师奖（本科）。

（供稿：教务处）

## 9月10日　《广州日报》专访党委书记屈哨兵、校长魏明海

9月10日，《广州日报》A8版刊发了专访我校党委书记屈哨兵、校长魏明海的报道《高水平大学建设　广州大学跑出“加速度”》。

我的老师不一般

广州日报

# 高水平大学建设 广州大学跑出“加速度”

——专访广州大学党委书记屈哨兵、校长魏明海

9月2日，泰晤士高等教育(Times Higher Education)发布了2022年泰晤士高等教育世界大学排名。其中，中国大陆首次上榜的8所高校中，表现最好的是广州大学，列全球高校第601－800位、中国大陆高校排名第35－49位。

自2016年整体开展高水平大学建设以来，广州大学奋力拼搏，力争上游。这座以“广州”命名的高校，跑出了百米“加速度”，被誉为中国近年来进步速度最快的大学之一。

日前，记者专访了广州大学党委书记屈哨兵和校长魏明海，听两位“掌舵人”揭秘广州大学“弯道超车”的秘诀。

文/广州日报全媒体记者林霞虹 通讯员广大宣
图/广州日报全媒体记者高鹤涛 通讯员广大宣

## 办学水平 进入全国高校百强

2015年，广州大学土木与建筑、数学与信息科学、区域水环境安全与水生态保护3个学科群入选广东高水平大学重点学科建设项目。2016年9月，在教育领域深耕数十年的屈哨兵和魏明海分别担任学校党委书记和校长。

“纵观世界教育史，大学与城市共生共荣共成长。不少以著名城市命名的大学，都是很好的大学。广州是一座具有深厚文化底蕴的英雄城，广州大学以国家中心城市‘广州’命名，理应有一个办学使命——就是要建成与广州经济社会相匹配、与广州城市地位相适应的高水平大学。”走马上任之初，屈哨兵和学校领导班子一道，为学校定下了这样的目标。

2017年初，广州市委、市政府出台《关于建设高水平大学的实施意见》，下放“五个自主权”，增加建设经费投入，整体推进广州大学建设高水平大学。

如何建设高水平大学？屈哨兵介绍，经过全校大讨论，广州大学凝聚了“奋力创建中国特色社会主义一流创新型大学”的共识，并逐步明确学校发展的“三步走”策略：到2020年跻身省内地方高校“第一方阵”，进入全国高校排位前100名；到2025年，进入省“冲一流”整体建设高校行列，冲击国家一流学科行列，综合办学实力进入国内高校前70名；到2050年建成与国家和粤港澳大湾区发展深度融合，若干学科居于世界领先水平的中国特色社会主义一流创新型大学。

在广州大学校长魏明海眼里，这“三步走”，相当于“既要跑一百米，也要跑一万米，更要跑马拉松”。对于第一步，魏明海说：“我们要加速跑，没有一百米的加速度，学校的劲头、氛围很难提起来。”

最近，来自官方和第三方的评价相继表明，广州大学近年来切切实实实现了百米“加速跑”的目标。

今年8月，广东省人民政府办公厅下发《关于印发高等教育“冲一流、补短板、强特色”提升计划实施方案（2021—2025年）的通知》，广州大学入选高水平大学建设计划（重点建设高校）。这是广州大学推进高水平大学建设以来取得的一大里程碑式突破。

时隔不久，今年9月2日，泰晤士高等教育发布2022年泰晤士高等教育世界大学排名，中国大陆8所高校首次上榜，其中，广州大学表现最好，列全球高校第601－800位、中国大陆高校排名第35－49位。

泰晤士高等教育世界大学排名与QS世界大学排名、U.S. News世界大学排名、软科世界大学学术排名是公认的四大较为权威的世界大学排名。2021年，在软科中国最好大学排名中，广州大学进入了百强，位列第99位。U.S.News2021世界大学排名榜中，广州大学位列中国内地高校第60位，世界大学第706位。

事实证明，这几年来，广州大学抢抓国家战略和粤港澳大湾区发展机遇，聚焦高水平大学建设目标任务，学校内涵建设成效明显，进一步聚集了冲击“双一流”势能，整体办学水平进入全国高校百强行列。

## 多措并举 提升育人“成色”

《中国近现代史纲要》《动态几何》《环境学概论》《中国现代文学经典导读》……在教育部发布的首批国家级一流本科课程中，广州大学多门课程榜上有名。这些师生口中的“金课”，内容丰富、视野前沿、方式创新，学生收获大、挑战也大。屈哨兵介绍，这些年，广州大学一直聚焦立德树人根本任务，扎扎实实地培养具有“广大底色”的[illegible]人才，不断提升大学育人“成色”。

去年10月，第六届中国大学生程序设计竞赛威海站举行比赛，由广州大学计算机科学与网络工程学院18级本科生周伟章、覃浩、卢鑫洲三人组成的参赛队伍——“致命膝术队”，与北京大学、清华大学的参赛队伍同台竞技，表现亮眼，[illegible]上海交通大学、清华大学、北京大学、浙江大学、复旦大学的参赛队伍一同获得金牌。

“五育并举，育时代新人。”屈哨兵介绍，确立“德才兼备、家国情怀、视野开阔、爱体育、懂艺术、能力发展性强”的人才培养目标以来，广州大学设立了经典百书推广中心、公共艺术教育中心、大学生体育活动中心和大学生语言能力教学中心、劳动教育中心等五个中心，并首创“学年礼”育人体系，对育人先进单位和各类学生“达人”予以表彰，让每个年级的全体学生在开学典礼、毕业典礼之外，每一[illegible]，在有温度的“仪式感”中聆听师长们的教诲。

“在新修订的人才培养方案中，我们全面推广拔尖创新人才和卓越应用人才两类培养模式，让广州大学的学子们更加明确发展方向与路径，”魏明海说，学校不断提升育人的“硬件”与“软件”，让有志于[illegible]，有志于创新和应用的学子们都能在广大追逐梦想。同时，引导学院和老师把更多的精力和心血倾注到学生的培养成才上来，促成人才培养目标真正落地。

广州大学党委书记屈哨兵

广州大学校长魏明海

### 数说广州大学

广州大学合并组建20余年，向各行各业输送逾30万名毕业生。

现有专职教学科研人员2001人。其中，全职两院院士4人、全职外国院士1人、特聘院士3人、双聘院士4人、国际宇航科学院院士1名、欧亚科学院院士1名；国家级教学名师1人；教育部“长江学者”奖励计划特聘教授3人。

广州大学在2021软科中国最好大学排名中位列第99位，在2021软科世界大学学术排名501-600位、中国内地高校73-88位；居U.S.News2021世界大学排名第706位、中国内地高校第60位；居2022年泰晤士高等教育世界大学排名第601-800位，中国大陆高校第35-49位。

28个学科进入软科2020年“中国最好学科”榜单，10个学科进入软科2021“世界一流学科”榜单。

现有31个国家级一流本科专业建[illegible]点。

2000年以来，获国家科技进步奖一等奖1项、二等奖7项。2013年以来，获教育部高等学校科学研究优秀成果奖（人文社会科学）13项。

“朋友圈”逐步扩大，与30多个国家和地区的200多所大学、科研院所建立了合作关系；发起成立广州国际友城大学联盟，现有联盟成员大学13所。

## 优化学科布局 走出发展新路

一所高校，学科建设无疑是发展的重中之重。如何心系“国之大者”，为广州、大湾区和国家发展贡献“广大智慧”，提升高水平大学建设的学科贡献度？屈哨兵介绍，近年来，广州大学坚持深度对接粤港澳大湾区的建设需求，聚焦新工科、新师范、新文科建设，积极探索新医科发展，明确了“理厚工精、文优教特、交叉融合、创新发展”的新路子。

尤其是，围绕用好学科交叉融合的“催化剂”，广州大学重点推进“2+6+1”学科与科研创新平台建设（“重大基础设施安全+智慧运维创新枢纽”和“网络空间信息+智能应用技术创新枢纽”两大创新枢纽，新材料新装备新制造、地理空间信息与智慧生态环境、合成生物学与智能育种/精准医疗、数字经济与智慧管理、大数据/认知科学与智慧教育、数字技术与岭南文化艺术等六大交叉创新平台以及粤港澳大湾区与广州高质量发展新型智库），现已积极布局网络空间安全、人工智能、智能制造、电子与通信工程、新材料新能源以及生物医药等学科增长点，学科专业结构明显优化，学科水平显著提升。

“过去五年来，广州大学本科招生人数维持在7550-7580之间。”在今年的高考招生媒体通气会上，魏明海介绍，近五年，广州大学引进增加了超过1/4的教师，却精减优化了1/3的专业，为的就是办好广东广州需要而学校又有资源保障的精品专业。

魏明海介绍，目前广州大学有31个国家级一流本科专业建设点，43个广东省一流本科专业建设点，将近2/3的本科专业进入国家和省一流专业建设点。依托这些一流专业建设点，广州大学着准国家和地方产业需求，重点培育了信息技术类、工程技术类、经管社科类、师范教育类、人文艺术类和理学类六大类一流专业方阵。

目前，广州大学拥有8个一级学科学术学位博士授权点和2个专业学位博士授权点；39个一级学科学术学位硕士授权点和27个专业学位硕士授权点。28个学科进入软科2020年“中国最好学科”榜单，其中网络空间安全学科进入前10%，列全国第4位。8个学科进入软科2020年“世界一流学科”榜单。广州大学的工程学、计算机科学、化学、材料科学、环境科学/生态学、社会科学总论六个学科进入了ESI全球前1%，其中计算机科学和工程学分别进入ESI全球前5‰。

## “引培”高层次人才 结出科研硕果

在高水平大学建设之路上，高水平人才是核心资源。屈哨兵介绍，自2016年以来，广州大学大力“引培”一批高层次人才，为学校服务粤港澳大湾区国际科技创新中心建设，抢占人工智能、新一代信息技术、生物医药等战略性新兴产业技术创新高地奠定了坚实的师资基础。

2017年7月，广州大学举行网络空间先进技术研究团队聘任仪式，“防火墙之父”、中国工程院院士方滨兴受聘广州大学，该研究团队9名核心成员一同与广大签订了聘用协议。

2017年11月，中国工程院院士段宝岩受聘为广州大学双聘院士。

2020年10月，国际顶尖燃料电池电催化专家、加拿大国家工程院院士叶思宇受聘为广州大学全职院士、化学化工学院教授、广州大学黄埔氢能源创新中心主要负责人和首席科学家。

如今，广州大学的师资队伍中已是“星光熠熠”。自2016年起，广州大学通过引入“短聘-长聘”高层次人才引进新机制，实施“一团一策”的团队引进机制等系列人才引进和培育政策，共引进教学科研人员623人，包括各类全职院士7人，双聘院士10人，国家杰青、长江学者等国家级高层次人才38人次。

引进的同时，广州大学加大人才培育力度，确保人才队伍衔接有序、后继有人。2016年以来，先后培育傅继阳等17人入选国家级各类人才项目，田志宏等28人入选各类省级人才项目，认定广州市高层次人才（含广州市杰出专家、优秀专家、优秀青年后备人才）195人。

借由这些高层次人才，广州大学以国家和区域重大需求为导向，瞄准世界科技前沿，布局新方向、新领域，深化科研成果评价和激励制度改革，不断完善科研创新机制。目前，广州大学已组建了网络空间先进技术、大湾区环境工程、精准基因编辑工程、人工智能与区块链等16支高水平科研团队，师资队伍学科结构呈现出与学科体系结构相一致的变化。

现今，广州大学已拥有国家级科研平台（含培育基地）3个，省部级科研平台51个；“十三五”期间共主持34项国家重大研发计划项目与国家自然科学基金重大、重点项目，7项国家社科重大项目，承担国家和区域重大科研任务的能力显著增强。广州大学的科研成果数量和质量也快速提升，发表在《科学》《自然》等顶级期刊上的论文数不断增加；8名教师入选爱思唯尔2020年中国高被引学者，入选学者总数列省内高校前列；2016—2020年共获得国家级科研成果奖12项，省部级科研成果奖62项。

“人才是学校发展的源头活水。”魏明海透露，随着深入推进高水平大学建设，未来几年，广州大学还将继续大力引进500余名高层次人才，着力构建领军人才突出、创新团队实力强劲、优秀青年人才储备充裕的师资队伍，为学校快速发展筑牢人才之基。

## 服务湾区 画出“一校多园”蓝图

2018年，港珠澳大桥正式通车，这座世界最长跨海大桥应用了广州大学周福霖院士团队实施的多灾害背景下的隔减震技术，将港珠澳大桥的抗震安全性从抗7度提升至抗9度，为世界首创。

2021年，国际大科学工程--平方公里阵列射电望远镜天文台（Square Kilometre Array Observatory，SKAO）与广州大学正式签订了SKA数据处理软件开发框架合同，这是我国与SKA国际组织签署的首个SKA工程建设采购合同，意味着广州大学通过竞标成为全球瞩目的SKA望远镜的建设单位之[illegible]。

随着人才汇聚和办学实力的提升，广州大学服务粤港澳大湾区建设和“一带一路”倡议的质量正在显著提高，学校开放办学的格局也逐渐拓展。作为后起之秀，广州大学把握粤港澳大湾区建设战略机遇，与香港科技大学合作举办香港科技大学（广州），现已获教育部批准筹备设立并加快建设。[illegible]立广州国际友城大学联盟，不断扩大国际“朋友圈”，现在联盟成员大学增至13所，国际影响力进一步提升。

拿着漂亮的“成绩单”，站在高水平大学建设第二期的起点上，屈哨兵格外清醒。“过去的成绩只能反映出广州大学的进步，新的排名是新的起点，所谓排名不过是对我们进一步做好大学建设的一种提醒，保持在一种有意[illegible]，它将鞭策我们继续向先进学校学习。”他说，“过去的发[illegible]大学建设的某些指标时，广州大学面临的挑战将会更加严苛。在下一轮‘双一流’建设上，我们的担子更重。”

“在落实大学根本任务和最高追求上开新局，眼光要看远一点，标准要定高一点，要求要更严一点，氛围要更好一点。”魏明海说，“经过高水平大学一期建设，广州大学整体[illegible]大需求导向、一流建设、特色发展、创新引领和精准聚焦，强化大学内涵建设，在‘顶天又立地’上闯出新局面。”

在大本营广州，广州大学也在擘画新的发展蓝图。魏明海透露，过去广州大学有桂花岗校区和大学城校区。去年，广州大学开始建设黄埔研究院/研究生院，目前，学校也正在[illegible]。“将来，在广深港澳科技创新走廊上，广州大学有望实现‘[illegible]城—南沙’一校多园的布局，更好服务广州和粤港澳大湾区建设。”

（供稿：宣传部）

## 9月12日 张河清教授团队完成《南粤古驿道古道学基础理论课题研究》

受广东省自然资源厅和广东省土地调查规划院的委托，张河清教授团队承

九月

担完成的《南粤古驿道古道学基础理论课题研究》，于2021年9月12日通过专家评审。南粤古驿道保护利用是广东省委省政府贯彻落实习近平总书记生态文明思想，传承优秀文化、彰显地方特色、构建文化自信的一项重要工作。

该研究主要从乡村振兴、全域旅游、文旅融合等角度，研究古驿道文化遗产的当代价值和活化利用，提出了南粤古驿道可持续保护发展的实践模式和助力乡村振兴的未来发展方向，具有较强的理论探索价值和实践指导意义。

（供稿：管理学院）

## 9月15日　孔凡江和刘宝辉团队解析大豆适应热带地区进化轨迹和遗传基础的最新研究成果在 *Nature Communications* 发表

9月14日，生命科学学院/分子遗传与进化创新研究中心的孔凡江和刘宝辉研究团队以广州大学为第一通讯单位，在国际杂志 *Nature Communications* 上发表了题为“Genetic basis and adaptation trajectory of soybean from its temperate origin to tropics”的最新研究成果。该研究揭示了大豆由温带起源地向热带低纬度地区适应的遗传基础和适应轨迹。分子遗传与进化创新研究中心讲师董利东、博士后方超、讲师程群、博士后苏彤和中科院东北地理所博士寇坤为文章的共同第一作者，孔凡江教授、刘宝辉教授、芦思佳教授以及塔斯马尼亚大学的 James L. Weller 教授为文章的通讯作者。

（供稿：宣传部）

## 9月15日　黄罡老师在《人民日报》理论版刊文

9月15日，《人民日报》理论版刊发我校马克思主义学院黄罡博士的理论文章《走中国式现代化新道路》。文章认为，世界上既不存在定于一尊的现代化模式，也不存在放之四海而皆准的现代化标准。中华人民共和国成立70多年来特别是改革开放40多年来，在中国共产党的坚强领导下，我们成功开辟出中国式现代化新道路，实现了人类历史上前所未有的大变革。中国式现代化新道路能够走得通、走得稳，离不开中国特色社会主义制度的支撑和保障，彰显了中国特色社会主义制度的强大生命力和巨大优越性。

（供稿：马克思主义学院）

## 9月16日　葛军老师指导的学生团队在第十六届“挑战杯”广东学生课外学术科技作品竞赛中获取优异成绩

9月16日，第十六届“挑战杯”广东学生课外学术科技作品竞赛传来喜讯，我校物理与材料科学学院参赛团队荣获广东省一等奖。该团队由葛军老师指导，团队负责人为光电171班的马泽霖，骨干成员包括光电班的黄昌侨、陈威龙、曹栩诚、颜健锋、房华恒、程一萍以及张润。参赛作品是能源化工类别中的“阻变仿生神经突触器件与人工智能应用研究”。

（供稿：物理与材料科学学院）

## 9月18日　曾丽红、杨健老师指导学生作品在第九届全国高校数字艺术大赛国赛中荣获二等奖

第九届全国高校数字艺术大赛（未来设计师NCDA大赛）国赛评审工作已全部结束。本届大赛共有1 456所高校参赛，共征集119 785幅作品。在大赛的激烈角逐中，由我校新闻与传播学院黄子铭、黄恒生、符景志3位同学创作，曾丽红、杨健老师指导的学生作品《归・觅——拯救西关大屋》荣获二等奖。

（供稿：新闻与传播学院）

## 9月18日　曾大兴教授著作入选国家社科基金中华学术外译项目推荐选题目录

9月18日，我校人文学院曾大兴教授著作《气候、物候与文学——以文学家生命意识为路径》入选2021年国家社科基金中华学术外译项目推荐选题目录。中华学术外译项目主要资助代表中国学术水准、体现中华文化精髓、反映中国学术前沿的学术精品，以外文形式在国外权威出版机构出版并进入国外主流发行传播渠道。此次入选将进一步推动我院学术研究在国内和国际的影响。

（供稿：人文学院）

## 9月21日　户媛、顾忠华、马雪莲老师指导学生作品在城市可持续调研报告国际竞赛获奖

9月21日，由世界规划教育组织、联合国教科文组织 iCity 智慧城市服务平台、*Guihua* 联合主办的“2021WUPENICITY 城市可持续调研报告国际竞赛”公布获奖名单，我校建筑与城市规划学院户媛、顾忠华、马雪莲老师指导学生作品《“壁”玉妆成，“涂”有其法》斩获金奖，《郑重“骑”事——基于可视化 SP 法的广州市区 A 城区骑行环境调查研究》获得提名奖。郭晓莹、顾忠华老师指导学生作品《流动的星光，回到了书香——基于广州市区总分馆制下流动儿童阅读现状调查》获得提名奖。

（供稿：建筑与城市规划学院）

## 9月22日 刘海等老师指导的项目在第七届"互联网+"大赛广东省分赛产业命题赛道中获奖

9月22日，第七届中国国际"互联网+"大学生创新创业大赛广东省分赛（以下简称省赛）产业命题赛道评审圆满结束。我校3个产业命题赛道参赛项目晋级省级遴选，获得金奖1项、银奖2项。加上之前主赛道和红旅赛道，学校最终斩获 16 金 4 银，创造了我校参加“互联网 +”省赛的历史最好成绩。获奖项目如下：

**广州大学第七届中国国际“互联网 +”大学生创新创业大赛**
**广东省分赛产业命题赛道获奖名单**

| 序号 | 命题名称 | 命题企业 | 项目负责人 | 项目成员 | 指导老师 | 所属学院 | 奖项 |
|---|---|---|---|---|---|---|---|
| 1 | 地铁隧道智慧检测平台 | 济南轨道交通集团有限公司 | 岳云鹏 | 刘晓玉、赖思聪、陈梓丹、杨蒲、苏嘉琦、伍永靖邦、马力行、林健颖、杨泽帆、谭款达、陈志杰、钟景阳、黄肇刚、李签辉 | 刘崔杰、王满四、杜品品 | 土木工程学院 | 金奖 |
| 2 | 关于传统文化视野下的游戏设计应用 | 北京字跳网络技术有限公司 | 朱剑豪 | 潘彧、彭思密、莫镇雨、戴金、张诗瑜、陈林铎、何丽萍 | 刘菲菲、徐志伟、王满四、杜品品 | 美术与设计学院 | 银奖 |
| 3 | AI + 语言学习创意方案 | 科大讯飞股份有限公司 | 龙文迪 | 林丹、张晓雪、谢小鹏 | 许多恬 | 外国语学院 | 银奖 |

（供稿：教务处、创新创业学院）

## 9 月 23 日　薛小龙教授研究成果获省领导重要批示

9 月，管理学院薛小龙教授和港珠澳大桥管理局营运发展部张鸣功部长整理撰写的资政建议《关于破解港珠澳大桥跨界交通救援交接问题的建议》[刊于《大湾区内参》2021 年第 3 期（总第 149 期）及国务院发展研究中心主办的《经济要参》2021 年第 33 期（总 2 495 期）]，获广东省和广州市政府多位领导的肯定性批示，被中国社会科学院《要报》采稿并报中办。

（供稿：管理学院）

## 9 月 24 日至 25 日　刘雪明、胡亚丽老师出席第二十二次全国皮书年会

9 月 24 日至 25 日，由中国社会科学院主办、社会科学文献出版社和广州市社会科学院联合承办的第二十二次全国皮书年会（2021）在广州召开。我校图书馆刘雪明馆长和资源建设部胡亚丽主任出席了会议。

（供稿：图书馆）

## 9 月 24 日　薛小龙教授在“2021 工程管理类与智能建造专业院长、系主任会议”发表主题演讲

9 月 24 日，由教育部工程管理和工程造价专业教学指导分委员会主办、华中科技大学土木与水利工程学院承办的“2021 工程管理类与智能建造专业院长、系主任会议”在武汉国际会议中心召开。管理学院薛小龙、陈琳、朱健、王亦斌、张元新和王泽宇老师参加了本次会议，其中薛小龙教授代表广州大学在会上做了题为“新时代工程管理人才培养的新需求与新教学理念”的主题报告，获得好评。

（供稿：管理学院）

## 9月28日　苗陈雷教练带队我校学生获2021年中国大学生拳击锦标赛冠军

9月28日，2021年中国大学生拳击锦标赛在河北省迁安市举行。体育学院苗陈雷教练带队，马克思主义学院西尔扎提·阿不都热苏里同学在决赛中击败北京体育大学选手，斩获2021年中国大学生拳击锦标赛75公斤级别男子甲组冠军。

（供稿：体育学院）

## 9月30日　张诗洋老师获2020年度中华戏剧学刊联盟青年优秀论文奖

9月，《中华戏曲》《文化遗产》《戏曲与俗文学研究》《戏曲艺术》《戏曲研究》《戏剧》《戏剧与影视评论》《戏剧艺术》《南大戏剧论丛》（以刊名笔画为序）九家戏剧学刊以2020年各家发表的论文为遴选范围，共同推选出2020年度中华戏剧学刊联盟青年优秀论文奖。我校人文学院青年教师张诗洋论文《探索与纠偏：新月社排演〈齐德拉〉的戏剧史意义》（《戏剧艺术》2021年第4期）荣获该奖项。

（供稿：人文学院）

# 我们的大学

October 十月

## 10月1日　赵中源教授获中宣部“优秀理论宣讲报告”表彰

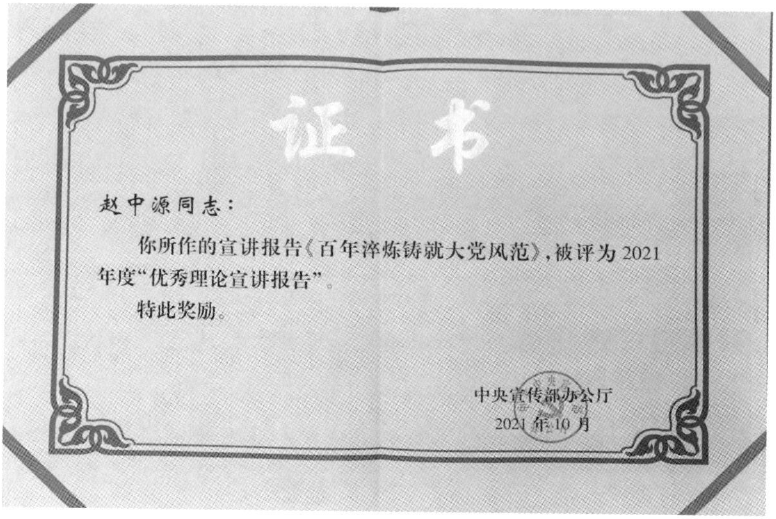
证书

赵中源同志：

你所作的宣讲报告《百年淬炼铸就大党风范》，被评为2021年度“优秀理论宣讲报告”。

特此奖励。

中央宣传部办公厅
2021年10月

10月1日，马克思主义学院院长赵中源教授所作的宣讲报告《百年淬炼铸就大党风范》获评为中央宣传部办公厅授予的2021年度“优秀理论宣讲报告”。该文也作为中国共产党成立100周年理论研讨会论文，入选中宣部主编的《庆祝中国共产党成立100周年理论研讨会论文集》。

（供稿：马克思主义学院）

## 10月6日　郑春晖老师在 *Journal of Travel Research* 发表研究成果

10月6日，管理学院郑春晖副教授以第一作者身份在SSCI期刊 *Journal of Travel Research* 发表了题为“Does vivid imagination deter visitation? The role of mental imagery processing in virtual tourism on tourists’ behavior”（生动的想象会阻碍实地旅游吗？虚拟旅游中心理意象加工对旅游者行为的影响）的研究成果。该论文研究受到国家自然科学基金项目（41801135）的资助。

国际期刊 *Journal of Travel Research* 为旅游领域全球公认三大国际顶级期刊，最新影响因子为10.982，在酒店、休闲、体育与旅游（Hospitality,

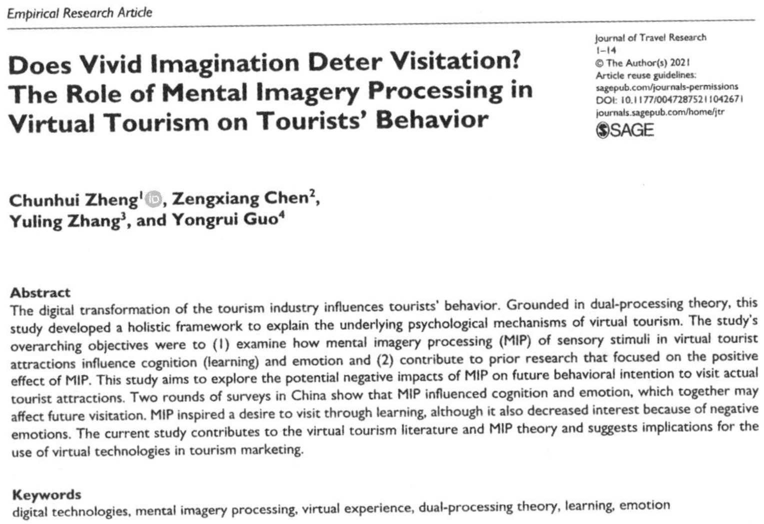
*Empirical Research Article*

Journal of Travel Research
1–14
© The Author(s) 2021
Article reuse guidelines:
sagepub.com/journals-permissions
DOI: 10.1177/00472875211042671
journals.sagepub.com/home/jtr
SAGE

**Does Vivid Imagination Deter Visitation? The Role of Mental Imagery Processing in Virtual Tourism on Tourists' Behavior**

**Chunhui Zheng[1], Zengxiang Chen[2], Yuling Zhang[3], and Yongrui Guo[4]**

**Abstract**
The digital transformation of the tourism industry influences tourists' behavior. Grounded in dual-processing theory, this study developed a holistic framework to explain the underlying psychological mechanisms of virtual tourism. The study's overarching objectives were to (1) examine how mental imagery processing (MIP) of sensory stimuli in virtual tourist attractions influence cognition (learning) and emotion and (2) contribute to prior research that focused on the positive effect of MIP. This study aims to explore the potential negative impacts of MIP on future behavioral intention to visit actual tourist attractions. Two rounds of surveys in China show that MIP influenced cognition and emotion, which together may affect future visitation. MIP inspired a desire to visit through learning, although it also decreased interest because of negative emotions. The current study contributes to the virtual tourism literature and MIP theory and suggests implications for the use of virtual technologies in tourism marketing.

**Keywords**
digital technologies, mental imagery processing, virtual experience, dual-processing theory, learning, emotion

leisure, sport & tourism）大类中排名第 2/58，是 JCR 一区期刊，FMS 列表 A 级期刊。郑春晖副教授为本文第一作者，通讯作者为中山大学陈增祥副教授，合作者还有广州地理研究所张玉玲副研究员和青岛大学郭永锐教授。

（供稿：管理学院）



## 10 月 8 日　何爱晶教授团队等 3 个团队在全国高等学校（本科）外语课程思政优秀教学案例比赛中获佳绩

10 月 8 日，由高等教育出版社、全国高校教师网络培训中心和《中国外语》编辑部共同开展的“2021 年高等学校（本科）外语课程思政优秀教学案例征集与交流活动”结果揭晓，我校外国语学院派出的三支教师团队在省赛环节取得优异成绩。何爱晶教授团队（成员：金荣、李桔元、翁素贤、杨冬玲）荣获本科外语类专业组一等奖；王希腾博士团队（成员：陈姝、梁丹欣、张黎琴、王芳）荣获本科外语类专业组二等奖；梁凤娟博士团队（成员：杨洪、彭念凡、粟孝君、康美香）荣获本科大学英语组一等奖。

（供稿：外国语学院）

## 10 月 9 日　退休教师 13 件作品入围广州市退（离）休教育工作者协会举办的庆祝建党 100 周年“永远跟党走，奋进新征程”书画摄影作品展

为庆祝建党 100 周年，广州市退（离）休教育工作者协会“永远跟党走，奋进新征程”书画摄影作品展活动作品征集已顺利完成。经过评委会严格考量、精心挑选，最终我校退休教师 13 件作品入围参展。

（供稿：离退休工作处）

## 10 月 9 日至 14 日　林浩老师获第十届全国大学生金相技能大赛优秀指导教师奖

10 月 9 日至 14 日，由教育部高等学校材料类专业教学指导委员会主办的“徕卡杯”第十届全国大学生金相技能大赛在上海交通大学举办。我校物理与材料科学学院学子发挥出色，首次参赛即创佳绩。何晓玲同学荣获二等奖、罗承汛同学和肖萱妮同学荣获三等奖，林浩老师荣获优秀指导教师奖。

（供稿：物理与材料科学学院）

## 10 月 12 日　陈楚敏老师荣获 2020 年“广东高校辅导员年度人物”入围奖

由广东省教育厅组织开展的 2020 年“广东高校辅导员年度人物”推选展示活动结果揭晓，我校陈楚敏老师获 2020 年“广东高校辅导员年度人物”入围奖。

二、2020 年“广东高校辅导员年度人物”入围奖（61 名）

| 序号 | 学校 | 姓名 |
|---|---|---|
| 1 | 华南师范大学 | 陈启萍 |
| 2 | 华南师范大学 | 罗蕾 |
| 3 | 广东工业大学 | 刘悦 |
| 4 | 汕头大学 | 林峰 |
| 5 | 广东财经大学 | 蒋华林 |
| 6 | 广东医科大学 | 蔡鑫生 |
| 7 | 仲恺农业工程学院 | 周静 |
| 8 | 广东药科大学 | 刘漫宇 |
| 9 | 广东技术师范大学 | 许素美 |
| 10 | 广东技术师范大学 | 廖卢琴 |
| 11 | 岭南师范学院 | 梁康建 |
| 12 | 韩山师范学院 | 王玲 |
| 13 | 广东石油化工学院 | 冯晓 |
| 14 | 广东第二师范学院 | 赵康健 |
| 15 | 广州大学 | 陈楚敏 |
| 16 | 深圳大学 | 林娜 |

（供稿：宣传部、学生处）

## 10月12日至15日　曾衍瀚、王满四等老师指导的项目在第七届中国国际“互联网+”大学生创新创业大赛总决赛中获奖

10月12日至15日，第七届中国国际“互联网+”大学生创新创业大赛总决赛（以下简称“国赛”）在江西省南昌大学举行。经过激烈的角逐，我校入围国赛现场赛的由曾衍瀚、王满四等老师指导的9个项目，最终斩获了2金6银1铜的历史最好成绩，金牌数位居全省本科院校第二，实现了在该项赛事中金奖及奖牌总数双突破，并继2018年和2019年后第三次捧得大赛“青年红色筑梦之旅”赛道高校集体奖。

获奖项目如下：

| 序号 | 项目名称 | 项目负责人 | 指导教师 | 所属学院 | 赛道组别 | 奖项 |
|---|---|---|---|---|---|---|
| 1 | 芯立创半导体——用AI和IP授权加速芯片设计 | 植浩昌 | 曾衍瀚、王满四 | 电子与通信工程学院 | 本科生创意组 | 金奖 |

（续上表）

| 序号 | 项目名称 | 项目负责人 | 指导教师 | 所属学院 | 赛道组别 | 奖项 |
| --- | --- | --- | --- | --- | --- | --- |
| 2 | 城安隧研——地铁隧道安全智慧感知领航者 | 岳云鹏 | 刘海、崔杰、范丽繁、杜晶晶 | 土木工程学院 | 研究生创意组 | 金奖 |
| 3 | 空盾科技——区块链应用生态安全领航者 | 林炼升 | 苏申、田志宏、王满四、鲁辉、谭庆丰 | 计算机科学与网络工程学院 | 本科生创意组 | 银奖 |
| 4 | 侦察者——水下结构病害智能识别机器人 | 张怡孝 | 傅继阳、刘爱荣、陈炳聪、汪大洋、袁向荣、谢丹、杜晶晶 | 土木工程学院 | 研究生创意组 | 银奖 |
| 4 | 医视健康 | 芦浩然 | 张延平、王满四、杜晶晶 | 土木工程学院 | 初创组 | 银奖 |
| 6 | 以伴教育——您为乡村振兴，我为您家伴学 | 龚旺 | 聂衍刚、王满四、林雪松、杜晶晶 | 经济与统计学院 | 红旅公益组 | 银奖 |
| 7 | 艺术甜公益——助力心智障碍儿童走出困境的大学生团队 | 叶珊珊 | 周杰、王满四、罗洁、王莉 | 美术与设计学院 | 红旅公益组 | 银奖 |
| 8 | 广咩文创非遗新玩家——致力于用创新设计赋能传统非遗活态传承 | 潘卓彤 | 贺景卫、裴继刚、陈贤昌、李银广、袁媛、徐志伟 | 美术与设计学院 | 红旅创业组 | 银奖 |
| 9 | 精粹教育——品牌直播电商全链条服务引领者 | 孙伟 | 李鲤、苏凡博、陈浩、杜晶晶 | 新闻与传播学院 | 初创组 | 铜奖 |

（供稿：教务处、创新创业学院）

## 10 月 16 日至 17 日　第十九届教职工乒乓球混合团体赛顺利举行

10 月 16 日至 17 日，我校第十九届教职工乒乓球混合团体赛在大学城校区何世杰体育馆、教职工活动中心顺利举行。在经过激烈竞赛，音乐舞蹈学院、教育学院、机关二、机关三等代表队晋级八强。最终，经过激烈的角逐，机关三代表队凭借均衡的实力水平，斩获第十九届教职工乒乓球混合团体赛冠军。

（供稿：校工会）

## 10 月 18 日　陈香、郭晔、刘思琪 3 位老师参加广交会外宾接待工作受到市委外办表扬

10 月 18 日，我校收到中共广州市委外事工作委员会办公室发来的感谢信，感谢我校陈香、郭晔、刘思琪 3 位老师为第 130 届中国进出口商品交易会（广交会）成功举办的辛勤付出和热情工作。

（供稿：国际教育学院）

## 10 月 21 日　陈绮惠等老师指导的学生党支部作品荣获广东省高校大学生讲党史公开课二等奖

根据《广东省教育厅关于举办高校思政课党史教育优质课例和大学生讲党史公开课展示活动的通知》，省教育厅组织开展了高校思政课党史教育优质课例和大学生讲党史公开课征集展示活动，在 10 月 21 日公布的获奖名单中，我校管理学院第五党支部作品《赓续小岗精神，凝聚奋进力量》荣获广东省高校大学生讲党史公开课展示活动二等奖。

作品由管理学院陈绮惠、陈媛、李炎焜老师指导，管理学院第五党支部学生党员王玥玲、石铱敏、谢敬文、徐琳、黄芷茵、黄志琪参与制作。

| | | | |
|---|---|---|---|
| 百年梦想正青春，初心燃使命，奋斗正当时 | 广东技术师范大学 | 谢庭韦、张静桦、黄剑蓉、刘乐涛、陈菀莹、刘橙语 | 王海岑 |
| 中国共产党的领导地位是历史和人民的选择 | 广东警官学院 | 陈枷融、蔡银泳、刘杲、黄泽华、陈子烁、洪鑫 | 钟贤哲、毛克明、柯健 |
| 青春似火，可以燎原——追忆陈延年烈土 | 广州大学 | 梁峰、李严、钟姗姗、陈晓慧 | 张雪娇、张丽璇、宋学来 |
| 赓续小岗精神，凝聚奋进力量 | 广州人学 | 王玥玲、石铱敏、谢敬文、徐琳、黄芷茵、黄志琪 | 陈绮惠、陈媛、李炎焜 |
| 不忘初心，做新时代的棒棒 | 南方科技大学 | 李昌谦 | 滕明政、秦晨芳、谢阅 |

（供稿：管理学院）

## 10 月 24 日　林晖老师指导汉语言文学师范生在广东省本科高校师范生教学技能大赛中喜获佳绩

10 月，由广东省教育厅主办的第九届广东省本科高校师范生教学技能大赛（语文组）在华南师范大学举办。我校人文学院 3 名参赛学生表现优异，其中，叶定远同学获得一等奖，蓝婉祯同学获得三等奖，刘婷同学获得优秀奖。林晖老师获优秀指导教师奖。

（供稿：人文学院）

## 10 月 25 日　郭红雨教授荣获 2021 年度美国缪斯设计奖金奖和法国诺芬国际设计奖金奖

日前，由郭红雨教授主持完成的《南昌市城市色彩规划》再次摘得美国缪斯设计奖（Muse Design Awards）2021 年度金奖，这是郭红雨教授团队获得的第 4 项缪斯设计奖。同时，郭教授主持完成的《济南市重点片区城市色彩设计》荣获法国诺芬国际设计奖（Novum Design Awards）2021 年度金奖，这也是时隔一年，郭红雨教授团队项目再次获得法国诺芬设计奖金奖。

（供稿：宣传部、建筑与城市规划学院）

## 10 月 28 日　陈潭、张泽涛 2 位教授主持的新文科研究与改革实践项目获教育部立项

10 月 28 日，《教育部办公厅关于公布首批新文科研究与改革实践项目的通知》（教高厅函〔2021〕31 号）印发，教育部首批新文科研究与改革实践项目立项名单正式公布，我校陈潭、张泽涛教授主持的 2 个项目获批立项。

（供稿：教务处）

## 10 月 29 日　方建平、刘玉萍、李雁 3 位老师指导学生作品“烽火中的红色家书”获第五届全国高校大学生讲思政课公开课展示活动优秀奖、广东省本科组高校大学生讲党史公开课一等奖

10 月 29 日，第五届全国高校大学生讲思政课公开课展示活动、广东省高校大学生讲党史公开课活动圆满结束，新闻与传播学院由方建平副书记、刘玉萍老师与李雁书记指导，陈紫荆、钟雨倩等同学的团队作品“烽火中的红色家书”获第五届全国高校大学生讲思政课公开课展示活动优秀奖、广东省本科组高校大学生讲党史公开课一等奖。

（供稿：新闻与传播学院）



## 10 月 30 日　杜磊、欧阳婷 2 位老师在首届知识城杯—大湾区林道青年科奖（化学）大赛中获奖

10 月 30 日，首届知识城杯—大湾区林道青年科奖（化学）大赛在中新广州知识城广州新侨学校顺利举办。我校化学化工学院的杜磊和欧阳婷两位青年学者从诸多参赛选手中脱颖而出，成为首届知识城杯的获奖者。

（供稿：化学化工学院）

## 10 月 30 日　马颖等老师组织开展的物理诺奖实验“光电效应”科普活动引来市民追捧

10 月 30 日，由广州市科学技术普及中心主办，广州大学物理与材料科学学院物理实验室承办的科普活动在理学实验楼 214 室展开。广州市近 300 名市民在科协网站报名参加活动，最终抽出 50 名市民参加活动。本次科普活动主题是由市民们亲自动手操作一个物理诺奖实验“光电效应”，活动由我校物理与材料科学学院副教授马颖主持，学院实验中心陈滢老师、学科教学（物理）研究生和物理专业本科生全程协助。

（供稿：物理与材料科学学院）

# 我们的大学

November 十一月

## 11 月 3 日　张新长教授荣获国家科技进步二等奖

11 月 3 日上午，2020 年度国家科学技术奖励大会在北京人民大会堂隆重召开。由河南大学王家耀院士主持，我校地理科学与遥感学院张新长教授主要参与（排名第三）完成的《智能化地图综合与多尺度级联更新关键技术及应用》荣获国家科技进步二等奖。我校国际欧亚科学院院士张新长教授受邀出席了大会并获颁发国家科技进步二等奖证书。

（供稿：科研处、地理科学与遥感学院）

## 11 月 6 日　张灵敏老师指导学生项目在第六届中国数据新闻大赛获二等奖

11 月 6 日，第六届中国数据新闻大赛决赛暨“数据驱动下的新闻传播学创新论坛”在线上举行。在新闻与传播学院张灵敏老师的指导下，员六一团队的作品《仓廪实背后：7 份人物档案数说中国农业巨变》荣获二等奖和“最佳数据新闻可视化”奖；杨燕霞团队的作品《“碍”莫能助：无碍出行路漫漫》荣获三等奖；张灵敏老师荣获优秀指导教师奖。

（供稿：新闻与传播学院）

## 11 月 9 日　王晋年教授获批国家重点研发计划“政府间国际科技创新合作”重点专项项目

11 月 9 日，科技部公布国家重点研发计划项目立项结果，地理科学与遥感学院王晋年教授牵头申报的国家重点研发计划“政府间国际科技创新合作”重点专项“亚太区域对地观测数据枢纽及典型应用工具集研发”成功立项。王晋年教授为广州大学“百人计划”领军人才获得者，广州大学遥感大数据智能应用创新中心主任，国家高层次人才计划入选者，国际宇航科学院院士、国际宇航科学院主席团成员，国家高分辨率对地观测系统重大科技专项应用系统副总设计师（2010—2020 年）。本项目由广州大学地理科学与遥感学院牵头主持，联合中国科学院空天信息研究院和中国科学院地理科学与资源研究所组成团队共同执行。

（供稿：科研处）

## 11 月 10 日　牛利、张保华 2 位教授最新研究进展在英国皇家化学会旗舰刊物 *Chemical Science* 封面文章刊登

11 月 10 日，英国皇家化学会旗舰期刊 *Chemical Science* 以外封面（Front Cover）形式在线刊登了我校化学化工学院、分析科学技术研究中心、广州市传感材料与器件重点实验室关于新型有机电化学发光材料的原创性工作“Aggregation-induced delayed fluorescence luminogens: The innovation of purely organic emitters for aqueous electrochemiluminescence”（Chem. Sci., 2021, 12, 13283）。该篇论文的第一通讯单位为广州大学，第一作者为广州大学化学化工学院张保华教授，通讯作者为广州大学化学化工学院牛利教授。

（供稿：化学化工学院）

## 11 月 11 日　左康华等老师获评广州市思想政治理论课“三百”项目

近日，广州市思想政治理论课“三百”工作评审结果揭晓，我校申报的 3 个项目均榜上有名。马克思主义学院思政课教师左康华获评“百名优秀学校思想政治理论课教师”，马克思主义学院赵楠楠、高燕、邵小文老师的微课“历史由人民书写——对中国共产党人民立场的唯物史观解读”获评“百节学校思想政治理论课示范微课”，马克思主义学院莫炳坤老师主持的课题“高校思政课教师在培育时代新人中的角色和责任研究”被列入“百个学校思想政治理论课课题”研究项目。

（供稿：宣传部）

## 11 月 15 日　屈哨兵等老师负责的项目获批省级课程思政建设改革示范项目立项

11 月 15 日，广东省教育厅印发《关于公布 2021 年度本科高校课程思政改革示范项目认定名单的通知》（粤高教函〔2021〕21 号），屈哨兵等老师主持申报的 14 个项目获批。其中，课程思政教学研究示范中心 1 个，课程思政示范团队 2 个，课程思政示范课程 4 门，课程思政示范课堂 7 个。课程思政示

范课程同时认定为省级一流本科课程（课程思政）。具体项目名单如下：

| 序号 | 项目名称 | 项目类别 | 项目负责人 | 所属组织 |
| --- | --- | --- | --- | --- |
| 1 | 广州大学课程思政教学研究与实践中心 | 教学研究示范中心 | 屈哨兵 | 广州大学 |
| 2 | 马克思主义新闻观教育课程思政教学团队 | 示范团队 | 田秋生、吴九占 | 新闻与传播学院 |
| 3 | 物流管理专业课程思政教学团队 | 示范团队 | 谢如鹤 | 管理学院 |
| 4 | 中国建筑史 | 示范课程 | 姜省 | 建筑与城市规划学院 |
| 5 | 动物学野外实习 | 示范课程 | 舒琥 | 生命科学学院 |
| 6 | 英语教学法 | 示范课程 | 苏远连 | 外国语学院 |
| 7 | 文化地理学 | 示范课程 | 朱竑 | 地理科学与遥感学院 |
| 8 | 工程力学　梁的合理设计 | 示范课堂 | 梁颖晶 | 土木工程学院 |
| 9 | 水污染控制工程 2 第五章　工业废水的生物处理 | 示范课堂 | 李淑更 | 环境科学与工程学院 |
| 10 | 新媒体传播第五章第二节　网络舆情应对（网络引导与社会稳定） | 示范课堂 | 刘雪梅 | 新闻与传播学院 |
| 11 | 财务管理（企业融资时事案例研讨） | 示范课堂 | 任政亮 | 经济与统计学院 |
| 12 | 心理健康和心理障碍及其影响因素（第三章第一节） | 示范课堂 | 孙楠 | 教育学院 |
| 13 | 现代汉语第三章第三节（汉字造字法） | 示范课堂 | 张迎宝 | 人文学院 |
| 14 | 公共建筑设计原理第一章第一节（公共建筑的总体环境布局） | 示范课堂 | 赵阳 | 建筑与城市规划学院 |

（供稿：教务处）

## 11月16日　刘兆清教授入围2021年全球高被引科学家

11月16日，科睿唯安公布了2021年度高被引科学家名单。来自全球70多个国家和地区的6 602人入选高被引科学家名单。本年度中国内地上榜人数继续激增，共有935人次（14.2%）上榜。其中我校共有2位科学家上榜，其中一位是化学化工学院的刘兆清教授。

（供稿：化学化工学院）

## 11月17日　马喆、王文豪2位老师课题获国家语委2021年度科研项目立项

11月17日，国家语委科研规划领导小组办公室公布了国家语委2021年度科研项目立项名单。人文学院语言学团队再创佳绩，马喆老师和王文豪老师分别获批重点项目和一般项目。具体立项情况如下：

| 序号 | 项目名称 | 项目类型 | 项目承担人 |
| --- | --- | --- | --- |
| 1 | 粤港澳大湾区中小学语言教育现状及规划研究 | 国家语委研究基地项目（重点项目） | 马喆 |

（续上表）

| 序号 | 项目名称 | 项目类型 | 项目承担人 |
| --- | --- | --- | --- |
| 2 | 港澳地区国家通用语言文字学习资源平台建设及应用研究 | 全球中文学习联盟研究专项（一般项目） | 王文豪 |

（供稿：人文学院）

## 11 月 20 日　张季超教授当选俄罗斯自然科学院外籍院士

11 月 20 日，土木工程学院张季超教授收到俄罗斯自然科学院（Russian Academy of Natural Sciences，RAEN）院长库兹涅佐夫的祝贺信，祝贺他当选为俄罗斯自然科学院外籍院士。

张季超教授现任我校土木工程学院模块化建筑工程技术研究所所长、广东省模块化建筑产业工程技术研究中心主任、博士生导师。主持近百项科研、科技开发课题；主编、参编了 10 多本国家、行业及团体标准；曾获国家科技进步二等奖、广东省科学技术奖特等奖、教育部科学技术奖一等奖等奖励 38 项；获“广州市杰出专家”、“全国模范教师”、广州市“121 人才梯队工程”两院院士后备人才、“国务院政府特殊津贴专家”等多项荣誉。

据悉，俄罗斯自然科学院是俄罗斯规模最大的社会性科学院，于 1990 年由俄罗斯多位知名学者及科研机构发起成立，成员均为自然科学和人文科学领域取得重大成就的科学家和专家。科学院目前设立 24 个学部，有 4 000 余名院士，其中有 18 名诺贝尔奖获得者和 270 余名俄罗斯科学院院士。

（供稿：宣传部）

## 11 月 20 日　袁碧华教授参加第八届中国 · 南方金融法治论坛暨广东省与广州市法学会金融法学研究会 2021 年学术年会

11 月 20 日，第八届中国 · 南方金融法治论坛暨广东省与广州市法学会金融法学研究会 2021 年学术年会在广州南洋长胜酒店成功举办。广州市法学会金融法学研究会会长，广州大学法学院教授袁碧华参会，并主持闭幕式。

（供稿：法学院）

## 11 月 21 日　刘相军老师指导的学生队伍获 2021 年（第十五届）全国高校商业精英挑战赛会展专业创新创业实践竞赛全国总决赛冠军

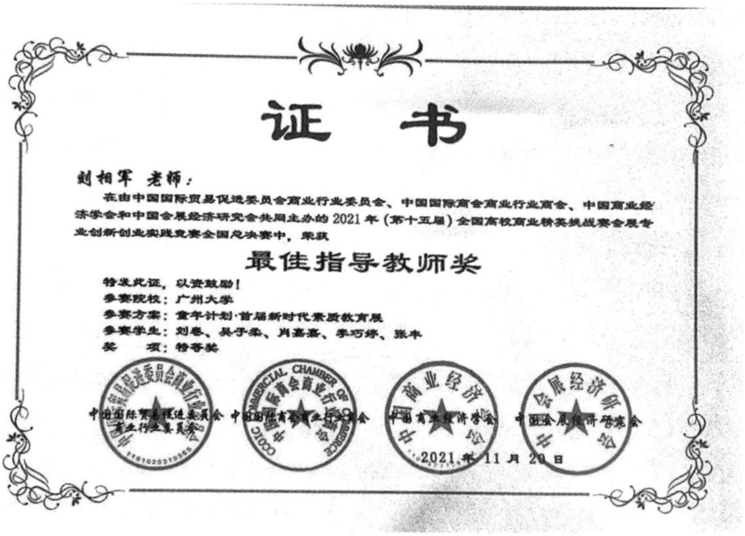
证　书

刘相军 老师：

在由中国国际贸易促进委员会商业行业委员会、中国国际商会商业行业商会、中国商业经济学会和中国会展经济研究会共同主办的 2021 年（第十五届）全国高校商业精英挑战赛会展专业创新创业实践竞赛全国总决赛中，荣获

最佳指导教师奖

特发此证，以资鼓励！

参赛院校：广州大学

参赛方案：童年计划·首届新时代素质教育展

参赛学生：刘卷、吴子柔、肖嘉嘉、李巧婷、张丰

奖　　项：特等奖

中国国际贸易促进委员会商业行业委员会　中国国际商会商业行业商会　中国商业经济学会　中国会展经济研究会

2021 年 11 月 20 日

11 月 21 日，2021 年（第十五届）全国高校商业精英挑战赛会展专业创新创业实践竞赛全国总决赛举办。我校管理学院刘相军老师指导的学生队伍荣获冠军。

（供稿：管理学院）

## 11 月 24 日至 26 日　王洪光老师率队到潮州重点中学开展科普与招生宣传活动

11 月 24 日至 26 日，物理与材料科学学院王洪光院长、刘翠红教授、教务办张艳华老师、学工办韩同振老师一行 4 人，在潮州市饶平二中、金山中学、潮州市高级中学先后开展了“天眼 FAST 望远镜与脉冲星”光学与人类文明科普讲座和招生宣传活动，受到了三所学校师生的广泛欢迎。

（供稿：物理与材料科学学院）

## 11 月 27 日　骆仁波、曹峥老师指导学生在第十届全国大学生 GIS 应用技能大赛荣获特等奖

2021 年 11 月 27 日，第十届全国大学生 GIS 应用技能大赛在南京举行。地理科学与遥感学院地理信息科学专业 2019 级四名本科生陈川、焦镇志、杨柳、刘景豪参加本次比赛，荣获全国特等奖，指导老师骆仁波、曹峥荣获优秀指导老师特等奖。

（供稿：地理科学与遥感学院）

## 11 月 28 日至 29 日　周少华、肖平辉 2 位老师参加粤港澳法学教育与人才培养联盟 2021 年会

11 月 28 日至 29 日，粤港澳大湾区法学教育与人才培养联盟 2021 年会在深圳召开。法学院副院长周少华教授、肖平辉老师代表广州大学参加了本次年会。周少华副院长就“粤港澳大湾区跨域法律人才培养”的座谈主题做了发言，并代表法学院就 2021 年粤港澳交流和跨域法律人才培养的工作情况做了汇报，就 2022 年的工作计划进行了介绍。

（供稿：法学院）

## 11 月 29 日　牛利教授一行赴安顺学院开展对口帮扶活动

11 月 29 日，化学化工学院学科带头人、国家杰青牛利教授等一行赴贵州安顺学院开展对口帮扶活动。活动期间，牛利教授一行与安顺学院副校长张来、相关部门负责人及师生代表进行了座谈交流。座谈交流会上还举行了聘请牛利教授为安顺学院化学化工学院荣誉院长和客座教授、聘请韩冬雪教授为化学化工学院客座教授的仪式，安顺学院张来副校长为两位教授颁发了聘书。应安顺学院化学化工学院邀请，牛利等五位教授还分别为安顺学院全校师生做了系列学术专题讲座，拓展了安顺学院广大师生的科研视野，受到安顺学院师生

的热烈欢迎。为鼓励西部学子奋发进取，牛利教授以个人名义捐资 20 万元，在安顺学院化学化工学院设立了奖学金。

（供稿：化学化工学院）

## 11 月 29 日　皮飞鹏等 5 位老师指导的学生在 2021 年全国大学生物理实验竞赛（创新赛）获奖

11 月 29 日，2021 年全国大学生物理实验竞赛（创新赛）传来喜讯。物理与材料科学学院皮飞鹏、刘志宇、马颖、谢洪鲸、吴玉洁老师指导的学生获得二等奖 2 项、三等奖 1 项。

（供稿：物理与材料科学学院）

# 我们的大学

December 十二月

## 12 月 1 日　郑李垚老师课题组在 *Organic Chemistry Frontiers* 发表封面文章

12 月 1 日，化学化工学院郑李垚副教授团队以“Synthesis of functionalized diarylbenzofurans via Ru-catalyzed C-H activation and cyclization under air：rapid access to the polycyclic scaffold of diptoindonesin G”为题在 2021 年 12 月的 *Organic Chemistry Frontiers* 上发表文章，还被编辑推荐作为封面文章展示。该期刊是中国化学会、中科院上海有机化学研究所和英国皇家化学会合办的有机化学领域权威期刊。

（供稿：化学化工学院）

## 12 月 3 日　朱竑教授获批 2021—2022 年度广东省野外科学观测研究站

12 月 3 日，广东省科学技术厅公布的 2021—2022 年度平台基地及科技基础条件建设项目立项公示结束。地理科学与遥感学院朱竑教授领衔申报的广东省重点实验室建设的专题四：野外科学观测研究站——“广东乡村地域系统野外科学观测研究站”成功获批，资助经费 300 万元。

| | | | |
|---|---|---|---|
| 专题四：野外科学观测研究站 | 广东省动物疫病野外科学观测研究站 | 广东省农业科学院动物卫生研究所 | 徐志宏 |
| 专题四：野外科学观测研究站 | 广东乡村地域系统野外科学观测研究站 | 广州大学 | 朱竑 |
| 专题四：野外科学观测研究站 | 广东梅州水土流失机理与防控系统野外科学观测研究站 | 广东省科学院生态环境与土壤研究所 | 李定强 |

本次平台申报由朱竑教授牵头，吴志峰院长统筹学院各学科方向老师积极参与，集聚董旭辉教授、徐国良教授、龚建周教授、陈颖彪教授、袁振杰副教授、郭冠华副教授、李颉副教授、吴大放副教授和尹铎副教授等各位老师的力量。此番获批也是该院在省级科研平台方面持续努力的新突破。

（供稿：地理科学与遥感学院）

## 12 月 4 日　姚睿等老师荣获 2021 年中国高校影视学会第十四届“学会奖”

12 月 4 日，中国高等院校影视学会 2020—2021 年度学术成果推优活动暨第十四届“学会奖”颁奖仪式以线上云端和线下北京主会场、杭州分会场方式召开。我校新闻与传播学院姚睿教授获评论组一等奖，陶冶教授、吴俐伶获评论组三等奖，董开栋获论文组一等奖，孔令顺教授、曾丽红副教授获论文组二等奖。

（供稿：新闻与传播学院）

## 12 月 5 日　许志强老师作品“竹影叠山”获奖

12 月 5 日，建筑与城市规划学院许志强老师志强队作品“竹影叠山”在“城市共生，社区共建——2021 凯德青少年建筑师暨中新广州知识城零碳公共空间营造大赛”中荣获一等奖。作品提取山水画中连绵不断的山峰对场地进行呼应，置入画架与座椅相融合，从而满足场地中绘画写生的需求，并根据人体尺度设计了一系列座椅和躺椅，游人可停留在此进行交谈、休闲娱乐和集体活动。

（供稿：建筑与城市规划学院）

## 12 月 6 日　方滨兴等老师负责的课程思政案例获批广东省首批本科高校课程思政优秀案例

12 月 6 日，广东省教育厅印发《关于公布首批本科高校课程思政优秀案例名单的通知》（粤高教函〔2021〕24 号），我校方滨兴、姜誉、李雁、汪大洋老师负责的 3 项课程思政案例全部获批。

具体项目名单如下：

| 序号 | 所属部门 | 优秀案例名称 | 负责人 |
|---|---|---|---|
| 1 | 计算机科学与网络工程学院 | 要理直气壮维护我国网络空间主权 | 方滨兴、姜誉 |
| 2 | 新闻与传播学院 | 培根铸魂　培养新时代卓越新闻传播人才 | 李雁 |
| 3 | 土木工程学院 | 心怀“国之大者”　培养堪当时代重任的工程人才 | 汪大洋 |

（供稿：教务处）

## 12 月 7 日　黄丽娟等老师成为广东省驻镇帮镇扶村农村科技特派员（第二批）

12 月 7 日，广东省科学技术厅、广东省乡村振兴局发布了《广东省驻镇帮镇扶村农村科技特派员（第二批）名单》，我校管理学院教师电子商务专业学科带头人黄丽娟教授带领朱慧副教授和邹春芳博士成为该批次我校唯一入选团队，对广东省茂名市化州市中垌镇对口开展驻镇帮镇扶村项目。

（供稿：管理学院）

## 12 月 7 日　聂贵新同志一行赴梅州调研驻镇帮镇扶村工作

12 月 7 日，校党委副书记聂贵新及相关职能部门负责人一行赴梅州市蕉岭县广福镇调研驻镇帮镇扶村工作，看望驻镇帮镇扶村干部廖争荣同志，并与当地领导干部及工作队队员进行了座谈，走访了广福学校、广育村、广福文化站和工作队驻地，参观了乡村复兴少年宫，了解广福非物质文化遗产项目金狮锣鼓和广福船灯。

（供稿：机关党委）

## 12 月 10 日　郑先昌等老师荣获“较真功、展才华”第六届广州市职工发明创新大赛奖

12 月 10 日，第六届广州市职工发明创新大赛在广交会展馆 B 区 10.2 馆举行简单而隆重的颁奖典礼，我校郑先昌教授主持的项目“一种地铁保护区域内开挖基坑的抗浮起施工方法”获二等奖，肖忠老师主持的项目“一种长寿命高精度手持式测氧仪”获优秀“五小”奖，广州大学获优秀组织奖。

（供稿：科研处）

## 12 月 10 日　胡艳芝等老师指导的团队获评 2021 年“推普助力乡村振兴”全国大学生社会实践志愿服务优秀团队

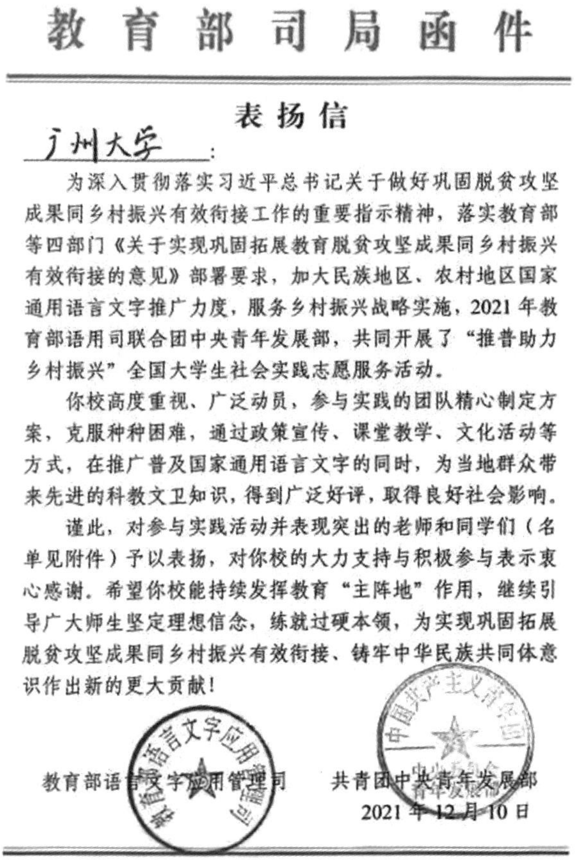

教育部司局函件

表扬信

广州大学：

为深入贯彻落实习近平总书记关于做好巩固脱贫攻坚成果同乡村振兴有效衔接工作的重要指示精神，落实教育部等四部门《关于实现巩固拓展教育脱贫攻坚成果同乡村振兴有效衔接的意见》部署要求，加大民族地区、农村地区国家通用语言文字推广力度，服务乡村振兴战略实施，2021 年教育部语用司联合团中央青年发展部，共同开展了“推普助力乡村振兴”全国大学生社会实践志愿服务活动。

你校高度重视、广泛动员，参与实践的团队精心制定方案，克服种种困难，通过政策宣传、课堂教学、文化活动等方式，在推广普及国家通用语言文字的同时，为当地群众带来先进的科教文卫知识，得到广泛好评，取得良好社会影响。

谨此，对参与实践活动并表现突出的老师和同学们（名单见附件）予以表扬，对你校的大力支持与积极参与表示衷心感谢。希望你校能持续发挥教育“主阵地”作用，继续引导广大师生坚定理想信念，练就过硬本领，为实现巩固拓展脱贫攻坚成果同乡村振兴有效衔接、铸牢中华民族共同体意识作出新的更大贡献！

教育部语言文字应用管理司　　共青团中央青年发展部

2021 年 12 月 10 日

12 月 10 日，教育部语言文字应用管理司、共青团中央青年发展部向我校发来表扬信，教育学院胡艳芝等老师指导的“四海同音——广州大学教育学院推普志愿服务队”和人文学院林晖等老师指导的“星火燎原”推普行动队在全国大学生社会实践志愿服务活动中表现优异，获评 2021 年“推普助力乡村振兴”全国大学生社会实践志愿服务优秀团队。

（供稿：教务处）

## 12 月 12 日　王晋军教授当选为广东外国语言学会副会长

12 月 12 日，广东外国语言学会换届大会暨 2021 学术年会在广东省珠海市召开，我校外国语学院院长王晋军教授当选为广东外国语言学会副会长。

（供稿：外国语学院）

## 12 月 12 日　陈姝、梁瑞仪 2 位老师指导学生获全国大学生数字化教育应用创新作品展一等奖

12 月 12 日，2021 年第六届“iTeach”全国大学生数字化教育应用创新作品展示活动落下帷幕。我校外国语学院首次选派选手参加比赛，陈姝老师、梁瑞仪老师指导的 2019 级英语师范生龙文迪学生团队的“Smart，Chinese——中文学习平台 app”在“工具系统类”评选中荣获一等奖。

荣誉证书
HONORARY CREDENTIAL

广州大学学校

Smart，Chinese——中文学习平台app作品

在2021年“iTeach”全国大学生数字化教育应用创新作品展示活动中荣获

一等奖

特发此奖，以资鼓励！

获奖人员：龙文迪，黄瑶，张晓冬，叶灏坤，夏睿欣

指导教师：梁瑞仪，陈姝

支持单位：中国产学研合作促进会

主办单位：广东技术师范大学　中国教育信息化产业创新平台

承办单位：广州创显科教股份有限公司

证书编号：iTeach2021-A224

二〇二一年十二月十二日

（供稿：外国语学院）

## 12月14日　孔令顺教授指导多部作品在“中共创建第一城杯·我眼中的阳泉”全国大学生微电影邀请赛中获奖

12月14日，“中共创建第一城杯·我眼中的阳泉”全国大学生微电影邀请赛开奖展映仪式落下帷幕。本次微电影邀请赛全程历时近40天，邀请全国22所高校的近百名师生创作团队前往阳泉，通过限时创作的形式进行拍摄，共完成57部作品。其中，我校新闻与传播学院孔令顺教授指导的作品《你眼中的阳泉》获短视频二等奖；《美丽山西　魅力阳泉》《体验山西煎饼》和《珐花器传承人》获竖屏短视频优秀奖；《汉河沟村的幸福密码》和《我和我的阳泉》获微电影优秀奖；孔令顺教授荣获优秀指导教师奖。

（供稿：新闻与传播学院）

## 12 月 14 日　以高志光、周福霖、裴定一、樊军辉为原型的庆祝建党 100 周年时代报告剧《笃行者》首演

12 月 14 日，由我校工会干部担任编剧、导演，我校师生编演的庆祝建党 100 周年时代报告剧《笃行者》在大学城校区演艺中心首演。首演现场，党委书记屈哨兵、校长魏明海同志向到场的“笃行者”人物原型代表赠送时代报告剧 DVD 光盘、鲜花。《笃行者》的四位人物原型，分别是新民主主义革命时期对信仰坚如磐石、矢志不渝的共产党人高志光老同志，社会主义建设时期对人民心怀大爱、无私奉献的“国家栋梁”周福霖院士，改革开放时期首批公派赴美留学、对党和国家赤胆忠心、勇担使命的密码信息安全专家裴定一教授，以及新时代勇攀天文学高峰、教书育人的先进模范樊军辉教授。

（供稿：校工会）

## 12 月 14 日　苏申等老师指导的产学合作协同育人项目获教育部立项

12 月 14 日，教育部公布了 2021 年第二批产学合作协同育人项目立项名单。我校苏申等老师指导的共 49 个项目获得立项：其中实践条件和实践基地建设 18 项，新工科、新医科、新农科、新文科建设 3 项，师资培训 10 项，创

新创业教育改革 1 项，教学内容和课程体系改革 17 项。2021 年我校两批共立项 95 项，连续 3 年居全省高校第一。具体项目如下：

| 项目编号 | 承担学校 | 公司名称 | 项目类型 | 项目名称 | 项目负责人 |
| --- | --- | --- | --- | --- | --- |
| 202102012056 | 广州大学 | 百度在线网络技术（北京）有限公司 | 实践条件和实践基地建设 | Xuperchain 智能合约在线防护实践基地建设 | 苏申 |
| 202102025031 | 广州大学 | 北京迪生数字娱乐科技股份有限公司 | 实践条件和实践基地建设 | “岭南文化艺术 + 科技”融合创新实践基地建设 | 陈晨 |
| 202102027027 | 广州大学 | 北京东方艾学信息技术有限责任公司 | 实践条件和实践基地建设 | 金融统计教学实践平台建设 | 王孟欣 |
| 202102102124 | 广州大学 | 北京象新力科技有限公司 | 实践条件和实践基地建设 | 环保设备制造虚拟仿真实践项目研究 | 张发根 |
| 202102111049 | 广州大学 | 北京易格通智仿真技术有限公司 | 实践条件和实践基地建设 | 产学研合作机制下的高校计算机智慧实验室建设 | 赵文静 |
| 202102112004 | 广州大学 | 北京易智时代数字科技有限公司 | 新工科、新医科、新农科、新文科建设 | 新工科背景下人工智能专业人才培养体系建设 | 夏隽娟 |

（续上表）

| 项目编号 | 承担学校 | 公司名称 | 项目类型 | 项目名称 | 项目负责人 |
| --- | --- | --- | --- | --- | --- |
| 202102126037 | 广州大学 | 北京中科致远科技有限责任公司 | 师资培训 | “互联网+”机电创新创业师资培训项目 | 江帆 |
| 202102136075 | 广州大学 | 苍穹数码技术股份有限公司 | 实践条件和实践基地建设 | 智慧城乡规划“三实”联合实验室建设 | 戚路辉 |
| 202102184030 | 广州大学 | 固高派动（东莞）智能科技有限公司 | 师资培训 | 新工科背景下，嵌入式机器人工程多学科交叉专业师资培训 | 陈洋 |
| 202102191038 | 广州大学 | 广东泰迪智能科技股份有限公司 | 师资培训 | 分布式计算平台 Hadoop 和 Spark 的师资培训和相关课程改革 | 李树威 |
| 202102191070 | 广州大学 | 广东泰迪智能科技股份有限公司 | 实践条件和实践基地建设 | 交叉学科背景下的统计学实训基地建设 | 张兴发 |
| 202102198014 | 广州大学 | 广州风标教育技术股份有限公司 | 师资培训 | Proteus 仿真在实践教学中的应用研究 | 陈新兵 |
| 202102199033 | 广州大学 | 广州冠岳网络科技有限公司 | 实践条件和实践基地建设 | 数字媒体艺术专业融入“思政课程”教学实践条件与实践基地建设 | 黎田田 |
| 202102199041 | 广州大学 | 广州冠岳网络科技有限公司 | 创新创业教育改革 | “三位一体”的岭南非遗文化创意设计人才培养模式探索 | 李银广 |

（续上表）

| 项目编号 | 承担学校 | 公司名称 | 项目类型 | 项目名称 | 项目负责人 |
|---|---|---|---|---|---|
| 202102200033 | 广州大学 | 广州华之尊光电科技有限公司 | 实践条件和实践基地建设 | 机构设计实践workshop 建设 | 江帆 |
| 202102200034 | 广州大学 | 广州华之尊光电科技有限公司 | 实践条件和实践基地建设 | 以高校学科竞赛为驱动的激光加工实践教学平台建设 | 戴杰涛 |
| 202102200035 | 广州大学 | 广州华之尊光电科技有限公司 | 实践条件和实践基地建设 | 智慧城乡仿真实践基地建设 | 戚路辉 |
| 202102201012 | 广州大学 | 广州汇标检测技术中心 | 教学内容和课程体系改革 | “土壤污染与修复技术”课程内容与体系建设 | 吴启航 |
| 202102210005 | 广州大学 | 广州五舟科技股份有限公司 | 教学内容和课程体系改革 | 面向拔尖和卓业人才培养的“智能软件技术”课程内容教学改革 | 陈联 |
| 202102210006 | 广州大学 | 广州五舟科技股份有限公司 | 教学内容和课程体系改革 | 面向创新思维培养的动态几何课程建设 | 饶永生 |
| 202102211093 | 广州大学 | 广州粤嵌通信科技股份有限公司 | 教学内容和课程体系改革 | 面向工程教育的可视化程序设计课程建设 | 彭凌西 |
| 202102211094 | 广州大学 | 广州粤嵌通信科技股份有限公司 | 教学内容和课程体系改革 | 面向物联网人才培养的机器学习与数据挖掘教学模式与内容建设 | 韦南 |

（续上表）

| 项目编号 | 承担学校 | 公司名称 | 项目类型 | 项目名称 | 项目负责人 |
|---|---|---|---|---|---|
| 202102211095 | 广州大学 | 广州粤嵌通信科技股份有限公司 | 教学内容和课程体系改革 | 新工科背景下“材料力学”课程教学改革及面向高新产业需求人才培养新模式研究 | 石惠民 |
| 202102211148 | 广州大学 | 广州粤嵌通信科技股份有限公司 | 实践条件和实践基地建设 | “双一流”建设背景下大学信息技术开放创新实践基地建设 | 赵文静 |
| 202102213061 | 广州大学 | 广州中望龙腾软件股份有限公司 | 实践条件和实践基地建设 | 以高校学科竞赛为驱动的工程制图实践教学平台建设 | 戴杰涛 |
| 202102224005 | 广州大学 | 杭州安恒信息技术股份有限公司 | 新工科、新医科、新农科、新文科建设 | 新工科建设（网络空间安全专业） | 赖根 |
| 202102245023 | 广州大学 | 航天宏图信息技术股份有限公司 | 教学内容和课程体系改革 | PIE 与 ENVI 在“遥感数字图像处理”中的实验对比与开发实践 | 骆仁波 |
| 202102265006 | 广州大学 | 湖南科瑞特科技有限公司 | 教学内容和课程体系改革 | 金课背景下的机器人工程专业理论力学课程教学改革 | 李方义 |

（续上表）

| 项目编号 | 承担学校 | 公司名称 | 项目类型 | 项目名称 | 项目负责人 |
| --- | --- | --- | --- | --- | --- |
| 202102283095 | 广州大学 | 吉林省艾萨克科技有限公司 | 教学内容和课程体系改革 | “出镜记者现场报道”课程虚拟仿真改革与实践 | 曾岑 |
| 202102283096 | 广州大学 | 吉林省艾萨克科技有限公司 | 教学内容和课程体系改革 | 新文科背景下“媒介经营与管理”课程思政教学改革 | 刘涛 |
| 202102308012 | 广州大学 | 江苏一鼎堂软件科技有限公司 | 师资培训 | 数据科学与数字运营虚拟仿真师资培训项目 | 朱慧 |
| 202102319007 | 广州大学 | 巨轮（广州）机器人与智能制造有限公司 | 教学内容和课程体系改革 | 智能制造背景下的数控技术课程教学改革与实践 | 萧仲敏 |
| 202102319010 | 广州大学 | 巨轮（广州）机器人与智能制造有限公司 | 师资培训 | 面向环境治理应用及教学的多学科交叉机器人师资培训 | 王美聪 |
| 202102319013 | 广州大学 | 巨轮（广州）机器人与智能制造有限公司 | 实践条件和实践基地建设 | 智能制造协同育人实践基地建设 | 岳夏 |
| 202102338029 | 广州大学 | 辽宁向日葵教育科技有限公司 | 教学内容和课程体系改革 | 基于创新应用型材料工程类人才培养的“腐蚀电化学原理与方法”课程建设研究 | 廖伯凯 |

（续上表）

| 项目编号 | 承担学校 | 公司名称 | 项目类型 | 项目名称 | 项目负责人 |
|---|---|---|---|---|---|
| 202102355019 | 广州大学 | 南京蓝桔信息科技有限公司 | 师资培训 | 融合虚拟仿真技术的数字化设计教学资源开发与师资培训 | 宗成武 |
| 202102356019 | 广州大学 | 南京慕测信息科技有限公司 | 师资培训 | 人工智能系统的测试方法研究 | 唐卷 |
| 202102372016 | 广州大学 | 奇安信科技集团股份有限公司 | 师资培训 | 面向大数据及安全应用型人才培养的教师能力提升 | 殷丽华 |
| 202102449076 | 广州大学 | 商飞信息科技（上海）有限公司 | 教学内容和课程体系改革 | 基于数字孪生技术的智能制造专业教学改革 | 李方义 |
| 202102461033 | 广州大学 | 上海联泰科技股份有限公司 | 实践条件和实践基地建设 | 面向高新技术制造产业应用需求的机械工程专业人才联合培养及实践基地建设 | 石惠民 |
| 202102464108 | 广州大学 | 上海曼恒数字技术股份有限公司 | 实践条件和实践基地建设 | 基于 VR 的安全用电虚拟仿真项目开发 | 张倩 |
| 202102483037 | 广州大学 | 上海一者信息科技有限公司 | 实践条件和实践基地建设 | 海上丝路商务翻译与岭南文化外译实践基地 | 倪秀华 |

（续上表）

| 项目编号 | 承担学校 | 公司名称 | 项目类型 | 项目名称 | 项目负责人 |
|---|---|---|---|---|---|
| 202102490102 | 广州大学 | 上海卓越睿新数码科技股份有限公司 | 实践条件和实践基地建设 | 线上线下混合式课程校企合作实践基地建设——以《公共管理礼仪》为例 | 徐凌 |
| 202102508009 | 广州大学 | 深圳市纽创信安科技开发有限公司 | 教学内容和课程体系改革 | 密码算法分析课程教学内容的改革与设计 | 唐屹 |
| 202102518010 | 广州大学 | 深圳市越疆科技有限公司 | 教学内容和课程体系改革 | 新工科背景下“数控技术”课程实践教学改革 | 萧仲敏 |
| 202102569027 | 广州大学 | 武汉光驰教育科技股份有限公司 | 教学内容和课程体系改革 | 虚拟仿真实验技术在大学物理教学中的应用 | 张姗 |
| 202102596008 | 广州大学 | 新华三技术有限公司 | 教学内容和课程体系改革 | 基于翻转课堂的人工智能课程教学模式研究 | 王显珉 |
| 202102596028 | 广州大学 | 新华三技术有限公司 | 师资培训 | 面向应用型网安人才培养的教师能力提升 | 李超 |
| 202102618001 | 广州大学 | 浙江国利网安科技有限公司 | 新工科、新医科、新农科、新文科建设 | 机器人工程新工科建设 | 赵志甲 |

（供稿：教务处）

## 12 月 16 日　刘玉萍等 16 位老师指导学生在第 13 届全国大学生广告艺术大赛国赛中喜获佳绩

12 月 16 日，第 13 届全国大学生广告艺术大赛（以下简称“大广赛”）国赛颁奖典礼结束，我校新闻与传播学院共获奖 41 项，其中全国等级奖 17 项、优秀奖 24 项。全国等级奖中，一等奖 2 项，由李鲤、刘玉萍 2 位老师指导获得；二等奖 5 项，由陈智勇、尹杭、许莹冰、肖思为、杨键、王童辰 6 位老师指导获得；三等奖 10 项，由夏清泉、曾丽红、刘涛、李鲤、毛芳瑶、王艺、陈智勇、许莹冰 8 位老师指导获得。在老师们的精心组织下，学院取得了省赛获奖 115 项和国赛获奖 41 项的优异成绩，也因此获得第 13 届大广赛广东省优秀组织奖和全国优秀组织奖（广东仅 4 项）。李鲤副教授等被省教育厅评为第 13 届大广赛广东赛区竞赛优秀指导教师。

（供稿：新闻与传播学院）

## 12 月 16 日　倪秀华老师指导学生在“第一届全国高校商务翻译（英语）能力挑战赛”中获特等奖

12 月 16 日，“第一届全国高校商务翻译（英语）能力挑战赛”落下帷幕，我校学生李嘉颖在倪秀华老师指导下荣获“第一届全国高校商务翻译（英语）能力挑战赛”特等奖，倪秀华老师获得“优秀指导教师”称号。

（供稿：外国语学院）

## 12 月 17 日　朱竑教授、袁振杰副教授分获 2 项国家自然科学基金委员会地球科学部专项项目

2021 年 12 月 17 日，国家自然科学基金委员会地球科学部 2021 年度第 2 期专项项目结果公布，地理科学与遥感学院朱竑教授申报的《战略研究类：迈向人文与自然的综合：人—地互动中的关键带研究》、袁振杰副教授申报的《会议培训类：社会文化地理国际高级研修班》项目获批。

（供稿：地理科学与遥感学院）

## 12 月 22 日　谭世泉同志获评“全国教育系统关心下一代工作先进工作者”

12 月 22 日，教育部关工委召开第六次工作会议暨成立 30 周年纪念大会。我校关工委获“全国教育系统关心下一代工作先进集体”荣誉称号，我校关工委讲师团团长谭世泉同志获“全国教育系统关心下一代工作先进工作者”荣誉称号。

（供稿：离退休工作处）

## 12 月 23 日　吴开俊、马凤岐、苏启敏 3 位老师的成果获第六届全国教育科学研究优秀成果奖

近日，第六届全国教育科学研究优秀成果奖公布，我校 3 项成果获得优秀成果奖三等奖，分别为：吴开俊研究员发表在《教育研究》期刊上的论文《进城务工人员随迁子女“教育洼地”真伪考》、马凤岐研究员发表在《教育研究》期刊上的论文《教育知识的基础与教育研究范式分类》和苏启敏教授发表在《中国教育学刊》期刊上的论文《中小学教育质量观：误区、反思与重构》。

（供稿：宣传部）

## 12 月 27 日　姚睿教授入选 2021 年第十二届广东省文联“新世纪之星”称号

12 月 27 日，广东省文联组织开展了第十二届“新世纪之星”推选。经各省级文艺家协会酝酿推选、广东省文联党组会议审定，我校新闻与传播学院姚睿教授与多位青年文艺工作者被评选为第十二届广东省文联“新世纪之星”。

| | |
|---|---|
| 罗　丽（女） | 广州文学艺术创作研究院 |
| 依力凡·吾买尔 | 广州歌舞剧院有限公司 |
| 郑烨娃（女） | 潮州市湘桥区臻素工艺工作室 |
| 胡　波 | 深圳市辛宽魔术艺术团 |
| 柳　飞 | 肇庆市新利端砚艺术发展有限公司 |
| 姚　睿 | 广州大学新闻与传播学院 |
| 莫　非（女） | 岭南画派纪念馆 |
| 夏世焱 | 广东新快报社 |
| 黄春强 | 广东粤剧院 |
| 黄显霖 | 佛山市三水晶源文化传播有限公司 |
| 嵇　兵（女） | 广东汉剧传承研究院 |
| 谢德炬 | 广州广播电视台 |

（供稿：新闻与传播学院）

## 12 月 27 日　马玉佩、焦大为 2 位老师指导我校来华留学生团队荣获广东省中华经典诵读大赛二等奖

12 月 27 日，国际教育学院马玉佩、焦大为老师指导来华留学生团队诵读的中华经典诵读作品《立白诗选读》，在广东省教育厅和广东省语言文字工作委员会举办的 2021 年广东省中华经典诵读大赛上荣获二等奖，成功晋级国赛。本次大赛以“传承中华经典，庆祝建党百年”为主题，共吸引华南师范大学、深圳大学、广东工业大学等省内数十所高校参加，最终仅有三所高校团队获奖。

（供稿：国际教育学院）

## 12 月 27 日　王捍贫等老师牵头申报的智能软件学院获批首批国家级现代产业学院

12 月 27 日，教育部公布了首批现代产业学院入选名单，全国共 50 所，我校王捍贫等老师牵头申报的智能软件学院入选。

（供稿：教务处）

## 12 月 28 日　刘云生教授获教育部哲学社会科学研究重大课题攻关项目

12 月 28 日，2021 年度教育部哲学社会科学研究重大课题攻关项目立项结果正式公布，法学院刘云生教授申报的“民法典民族性表达与制度供给研究”获得立项资助。

（供稿：法学院）

## 12 月 28 日　翁素贤老师团队在 2021 年全国高等学校外语微课大赛获佳绩

12 月 28 日，由高等教育出版社、全国高校教师网络培训中心与《中国外语》编辑部共同开展的“2021 年全国高等学校外语微课优秀作品征集与交流活动”结果揭晓，我校外国语学院翁素贤老师负责的团队（成员：金荣、吴吉松、杨冬玲、马静雅）设计的作品荣获广东省优秀作品一等奖、全国优秀作品三等奖。

（供稿：外国语学院）

## 12 月 28 日　吴相洲教授主编的《乐府学》、陶东风教授主编的《文化研究》入选社会科学文献出版社 CNI 名录集刊、优秀集刊

12 月 28 日，社会科学文献出版社发布 2021—2022 年度 CNI 名录集刊、优秀集刊名单，人文学院已故吴相洲教授主编的《乐府学》、陶东风教授主编的《文化研究》再次入选该名录，并再次荣获“优秀集刊”称号。

（供稿：人文学院）

## 12 月 30 日　周福霖院士带领的“减震防灾教师团队”入选“全国高校黄大年式教师团队名单”

2021 年 12 月 30 日，教育部公示了“第二批全国高校黄大年式教师团队名单”。广州大学工程抗震研究中心主任周福霖院士带领的“减震防灾教师团队”成功入选。这是我校首个国家级黄大年式教师团队，是国家对周福霖院士团队 30 多年教学科研工作的认可与鼓励。

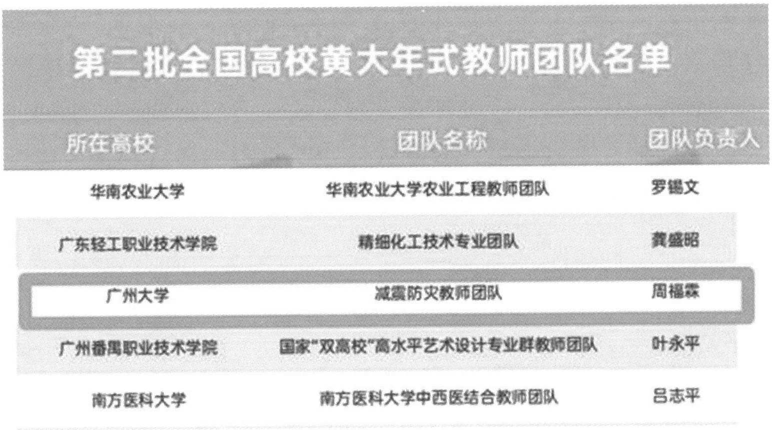

第二批全国高校黄大年式教师团队名单

| 所在高校 | 团队名称 | 团队负责人 |
| --- | --- | --- |
| 华南农业大学 | 华南农业大学农业工程教师团队 | 罗锡文 |
| 广东轻工职业技术学院 | 精细化工技术专业团队 | 龚盛昭 |
| 广州大学 | 减震防灾教师团队 | 周福霖 |
| 广州番禺职业技术学院 | 国家"双高校"高水平艺术设计专业群教师团队 | 叶永平 |
| 南方医科大学 | 南方医科大学中西医结合教师团队 | 吕志平 |

（供稿：工程抗震研究中心）

## 12 月 30 日　薛小龙、黄琼宇、朱慧团队发布《广东省数字经济创新发展报告》

12 月 30 日，管理学院院长薛小龙教授、黄琼宇副教授、朱慧副教授等老师组成的数字经济创新发展研究团队，在大学城校区成功召开“数字经济与管理创新高峰论坛暨广东省数字经济创新发展报告发布会”。

薛小龙教授代表学校发布《广东省数字经济创新发展报告》。发布会得到学校“数字经济与智慧管理”学科与科研交叉创新平台和管理学院的大力支持，引起了与会各界代表的高度关注和强烈反响，会议得到了科学网、中国社会科学网、南方日报、羊城晚报等多家媒体跟踪报道。报告相关内容以智库报告形式获得市领导批示。

（供稿：管理学院）

# 我们的大学

## 师表留踪

1 月 4 日，公共管理学院谢建社教授与广州粤穗社会工作事务所海珠工会项目中心汪晓文主任撰写的《关于建构 11545 疫情防控体系，加快精准推进复工复产》的决策咨询报告在《南方智库专报》刊发，并获得广东省领导批示。

1 月 7 日，校教务处副处长谢治菊、团委副书记朱丹丹、创新创业学院副院长张延平及相关负责老师等一行 9 人到珠海科技学院创新创业学院调研学习承办大赛的成功实践和宝贵经验。

1 月 8 日，公共管理学院副院长王枫云、政府管理系副主任彭铭刚一行到广东省扶贫开发协会调研。调研期间，召开 2020 年广州大学公共管理学院学生实习工作座谈会，听取实习成果汇报和研讨下一步工作。

1 月 8 日，黄埔研究院常务副院长李进、科研处副处长刘聪敏以及各团队相关老师参加了广东高校科技成果转化中心的产学研政策宣讲活动。

1 月 13 日，金融研究院院长助理陈双莲受邀参加市地方金融监管局党组 2020 年度民主生活会征求意见座谈会，陈双莲在会上就智库建设、学术研究等方面进行了发言。

1 月 19 日，音乐舞蹈学院青年钢琴教师肖源远参与广州市少年宫特殊教育部的“爱特大使”特教志愿服务。

1 月 21 日，广州发展研究院首席专家涂成林研究员、谭苑芳教授等人参与接待了南沙公共资源控股集团有限公司和南沙文体投资有限公司一行 4 人，就打造“环凤凰湖—蕉门河文化创意圈（带）”事项开展交流。目前该项目成为南沙城市客厅事项，并作为 2021 年南沙区区长的重点督办工作之一。

1 月 24 日，广州大学南方治理研究院副院长谢治菊教授团队递交的咨政报告《加快开发扶贫资源课程思政建设对策建议》获广西壮族自治区人民政府正省级领导批示。

1 月 30 日，公共管理学院郭明博士在国务院参事室社会调查中心会发起的第四届“费孝通田野调查奖”征文活动中荣获优秀奖。

2 月 1 日，地理科学与遥感学院李少英副教授的相关成果以“Inferring the trip purposes and uncovering spatio-temporal activity patterns from dockless shared bike dataset in Shenzhen，China”为题在线发表于国际期刊 *Journal of Transport Geography*。

2 月 8 日，广东省社科规划网发布《省社科规划 2020 年度特别委托项目党史研究、人民代表大会制度理论和人大工作研究立项名单发布》。其中，公共管理学院王枫云教授领衔申报课题“改革开放以来广东流动人口管理历史研究”（GD20TW05－10）获得党史研究专项课题立项。

3月2日，音乐舞蹈学院音乐表演系副教授唐馨老师在文清楼203室为学院2019级研究生开展“疫情防控和安全教育第一课”。

3月9日，在体育学院李景红老师的带领下，全校女教工开展广播操展示活动。

3月10日，公共管理学院副教授、中国政务研究中心执行主任徐凌，公共管理学院肖生福副教授、唐程翔副教授一行前往广州市政务服务数据管理局调研，并与广州市政务服务数据管理局政务服务监督管理处的相关领导进行了座谈交流。

3月11日，创新创业学院王满四院长等在广州大学三创营众创空间与番禺区人力资源与社会保障局刘晓琨副局长一行展开热烈的交流活动。

3月16日，创新创业学院肖杏烟副院长围绕“我敢闯，我会创”的主题为音乐舞蹈学院全体教师和对大赛感兴趣的学生作宣讲，并分两大环节对创新创业大赛做了详细的介绍及部分疑问的解答。

3月16日，金融研究院院长李正辉教授参加广州金融业发展“十四五”规划座谈会，并就“十四五”金融业发展引导中介协同、“多规协同”等提出相关建议。

3月16日，国家二级心理咨询师、学校心理健康与咨询中心专职咨询师冯晖艳老师在黄埔研究生院开展了题为“研究生的适应与心理健康”的专题讲座。

3月16日，在公共管理学院副教授徐凌的带领下，广州大同社会工作服务中心天河东片区禁毒项目副主任张晓飞及公共管理学院行政管理专业本科生田丽娟、余惠霞一行前往微明（广州）投资咨询有限公司调研。

3月18日，教师培训学院（继续教育学院）丁邦友院长、张翼副院长参加广州市黄埔区小学校长、幼儿园园长任职资格培训班开班仪式。

3月19日，音乐舞蹈学院党总支李颂东书记带领学院行政党支部党员赴佛山市梁园、铁军纪念公园等地开展党日主题活动。

3月21日，成人高等教育2021级新生开学典礼在桂花岗校区9号楼小礼堂隆重举行，继续教育学院院长丁邦友同志，党总支书记林进鹏同志，副院长吴德伟同志、伍卫文同志，党总支副书记张明同志参加了活动。

3月24日至26日，新闻与传播学院田秋生院长、邹军副院长率队赴上海进行学科建设与人才培养调研。调研组先后赴上海交通大学、华东师范大学、上海大学，学习了解上海高校在新文科建设中的经验。

3月25日，在公共管理学院党委万朝春副书记的带领下，广州大学微监察课题组指导老师刘建义副教授及成员谢嘉莹、严晓璇一行四人赴海珠区昌岗街道调研，了解街道监察组、纪检监察办公室及辖区村（社）监察站的运行实况。

3月25日至29日，地理科学与遥感学院副院长李文翎教授带队前往武汉、长沙的四所高校，开展一流专业建设与人才培养调研。

3月26日，电子与通信工程学院党委书记陈泽龙、副院长曾衍瀚一行7人赴中山大学电子与信息工程学院开展专项调研，双方就专业人才培养方案修订、课程管理、实践教学等问题进行了深入探讨和交流。

3月28日，广州发展研究院首席专家涂成林研究员、谭苑芳教授等，陪同中国社会科学评价研究院胡薇主任到南沙区实地考察了广州发展研究院南沙分院，并就智库建设工作进行调研座谈。

3月28日，在公共管理学院徐凌老师、校外指导专家张晓飞的带领下，围绕“互联网+”大学生创新创业项目，公共管理学院行政管理专业本科生田丽娟、李禧及社会学专业本科生杨悦悦一行前往广东联众戒毒社会工作服务中心调研。

3月28日至31日，音乐舞蹈学院执行院长刘瑾教授一行5人前往山东师范大学、郑州大学、南京师范大学开展调研。

3月30日，音乐舞蹈学院研究生部王颖副教授在企业微信线上为音乐181创新班学生开展以“考研之路”为主题的讲座答疑活动。

3月31日，常州工学院第十七届“挑战杯”全国大学生课外学术科技作品竞赛校内选拔赛复赛举行，公共管理学院教授曾维和受邀担任“挑战杯”校赛评委。

3月，地理科学与遥感学院李少英副教授指导硕士研究生高枫在GIS顶级期刊*International Journal of Geographical Information Science*发表论文“Understanding the modifiable areal unit problem in dockless bike sharing usage and exploring the interactive effects of built environment factors”。

3月，地理科学与遥感学院杨现坤副教授与香港大学冉立山老师，联合美国、瑞士、澳大利亚和德国的合作者在*Nature Communications*期刊发表学术论文，首次对我国经济高速发展阶段的三十年内（1980年至2010年）的内陆水体（河流、湖泊和水库）$CO_2$排放变化进行估算。

3 月，清远市委组织部发布了清远市第 13 批紧缺适用高层次人才名单，化学化工学院化工专业的学术带头人刘自力教授入选。

4 月 1 日，教师培训学院伍卫文副院长带领自考部刘桂兰等 3 人，前往合作办学单位广州市升科自学考试辅导中心进行教学检查。

4 月 2 日，应番禺区南村镇教育指导中心邀请，外国语学院翁素贤老师带领 2017、2018 级英语师范生代表前往南村镇中心小学为该镇 34 所中小学的英语教师举办信息技术工作坊。

4 月 2 日，建筑与城市规划学院王志明书记接受学生专访，鼓励同学们要去了解与学习党史、中国史，向身边优秀的同学学习，寻找自己的方位，把个人的发展和国家的发展结合起来，实现自己的价值。

4 月 2 日，由创新创业学院副院长肖杏烟带队，第七届中国国际“互联网 +”大学生创新创业大赛广东省分赛（以下简称“互联网 +”省分赛）广州大学筹备工作组代表一行 22 人，赴华南理工大学五山校区就承办“互联网 +”省分赛筹备与组织工作开展调研学习。

4 月 6 日，金融研究院党支部开展“回顾百年历程，重温党史故事，缅怀革命先烈”组织生活会。钟雄书记组织全体党员认真学习了《求是》杂志发表的习近平总书记重要文章《在党史学习教育动员大会上的讲话》。

4 月 8 日，物理与材料科学学院樊军辉教授主持“未来科学家”沙龙第一期活动，主题为“漫谈我国航空发展与我们的使命”。

4 月 8 日，公共管理学院党委书记刘向晖、副书记万朝春等一行 8 人前往广东金融学院公共管理学院，开展广州大学公共管理学院本科生党支部与广东金融学院公共管理学院学生第二党支部联合党建共建活动。

4 月 8 日，广东省成人教育协会普通高校高等成人教育专业委员会第九届常务理事会第六次会议在深圳大学继续教育学院召开，会议由普高专委会理事长、我校教师培训学院院长丁邦友主持。

4 月 9 日，由人工智能与区块链研究院李进教授牵头承担的国家重点研发计划“云计算和大数据”重点专项“面向区块链关键机制的安全分析与增强技术”项目启动暨实施方案论证会在广州召开。

4 月 9 日，由电子与通信工程学院党委书记陈泽龙、党委副书记谢玲，带领学工办辅导员王志杰、欧阳曦老师，前往广州粤嵌通信科技股份有限公司洽谈党建结对共建并看望正在广州粤嵌教学实习的 2018 级电信专业学生。

4 月 11 日，在“互联网 +”大学生创新创业项目开展背景下，公共管理学院副教授徐凌带领项目团队成员行政管理本科生田丽娟、余惠霞、李禧及社会学本科生杨悦悦一行前往广东工业大学与广州现代信息工程职业技术学院，与两所高校的优秀志愿者代表进行交流学习。

4月12日，陈万鹏同志受邀参加“奋斗追梦路　志愿新征程”2021年广州市党员志愿服务百场直播。

4月13日，《广州日报》刊发了广州发展研究院谭苑芳教授撰写的《多极联动打造广州科技创新强市的基本战略》论文。

4月13日，教育学院教育学系党支部书记曾小军组织教师党员前往广州市从化区太平钱岗村广裕祠参观学习。

4月14日，创新创业学院王满四院长、罗福先副院长、刘军军副院长、相关职能部门负责人以及入驻众创空间的优秀创业团队代表一行10人，前往番禺青年人才创新创业服务园调研交流。

4月14日，校团委邀请马克思主义学院讲师、校团委挂职副书记栾欣超为各学院团委书记开展学习党史专题讲座。

4月15日，张惠教授出席广东省全民国家安全教育日专题研讨会并发表了“人工智能视阈下的国家安全新议题”的演讲。

4月16日，由广州大学南方治理研究院研究员黄旭副教授和陈潭教授撰写的决策咨询报告《我省政务新媒体建设和管理中存在的突出问题及其对策建议》在《南方智库专报》上得到刊发。该咨政报告获得了广东省委常委肯定性批示。

4月16日至18日，音乐舞蹈学院刘瑾院长一行3人赴海口参加由全国艺术专业学位研究生教育指导委员会主办的“2020全国艺术专业学位研究生教育指导委员会音乐与舞蹈专业分委会暨院校工作交流会”。

4月17日，首届田野政治学学术年会“以国家化为视角的乡村研究”在湖北武汉东湖之滨成功举行。公共管理学院董石桃教授应邀出席了本次学术年会并做了主旨演讲。

4月17日至18日，第八届中国统计学年会在西南财经大学（成都）隆重举行，我校李正辉教授、李庭辉副教授、贾帅帅博士等受邀参加本届年会。

4月20日，广州发展研究院首席专家涂成林研究员、政府绩效评价中心主任周雨博士、软科学研究所所长曾恒皋及粤港澳大湾区（南沙）改革创新研究基地社会调查总监粟华英一行前往南沙区综合行政执法局，就南沙依法综合执法、改善营商环境及“1+1+10+N”产业政策体系实施等问题进行座谈调研。

4 月 20 日，由学生处副处长刘军策划、指导学生公寓管理服务中心开展的广州大学学生宿舍专题午餐交流会于图书馆副楼 108 室顺利举行。

4 月 20 日至 21 日，广东省普通高校高等成人教育专业委员会理事长、继续教育学院丁邦友院长在广东省成协普通高校专委会 2020 年年会上做工作报告。

4 月 21 日，由电子与通信工程学院院长唐冬带队，副院长陈庆春、尚文利、曾衍瀚，党委副书记谢玲等一行 9 人前往湖南大学电气与信息工程学院、信息科学与工程学院调研，双方就相关专业的国家工程认证、一流专业建设、党建推动学院中心工作发展开展交流和探讨。

4 月 22 日，广东技术师范大学管理学院副院长侯保疆一行 5 人到公共管理学院交流，学院陈潭院长、党委书记刘向晖、杨芳副院长、万朝春副书记，教师代表蒋红军副教授、彭铭刚副教授以及教研事务部主任肖栩参加了座谈会。

4 月 24 日，法学院张泽涛、张玉洁老师应邀参加“新文科背景下法学虚拟仿真一流课程建设”研讨会，张泽涛老师还做了题为“新文科背景下虚拟仿真课程的交叉学科建设与人才培养模式创新”的专题报告。

4 月 25 日，创新创业学院在我校众创空间路演厅接连举办“高教主赛道”和“青年红色筑梦之旅赛道”两场大赛项目专题辅导会，王满四院长作为主讲人。

4 月 29 日，廉政研究中心副主任董石桃教授、肖生福副教授等一行 5 人，赴广州市纪委监委宣传部，就“新媒体环境下廉政政策传播创新”问题进行了深入调研。

4 月，金融研究院和主要参与人员名誉院长王建业教授收到市地方金融监管局感谢信，感谢金融研究院为广州期货交易所上市品种计划制定和正式推出提供智库支持，研究成果深受市地方金融监管局及广州期货交易所认可。

4 月，化学化工学院乔智威教授、胡琼博士获评学校 2020 年度学术新锐。

4 月，加拿大工程院院士、化学化工学院叶思宇教授以共同作者身份，在能源领域国际顶级期刊《自然能源》（*Nature Energy*）发表了题为“Bridging the gap between highly active oxygen reduction reaction catalysts and effective catalyst layers for proton exchange membrane fuel cells”的综述论文。

5 月 8 日，“数字技术与媒介文化转型”高峰论坛暨中国高校影视学会媒介文化专业委员会理事换届会议在江苏淮安举行。新闻与传播学院张爱凤教授受聘专委会秘书长，曾丽红副教授、李鲤副教授受聘专委会理事。

5月10日，公共管理学院张惠教授带领8名本科生组成的“险境指南”儿童灾害教育公益游戏团队前往广州彩蛋信息科技有限公司进行调研。

5月10日，创新创业学院在众创空间路演厅举办“大赛项目指导老师研讨会”，国赛评委专家、我校“互联网+”大赛金奖项目指导老师、创新创业学院院长王满四教授作为主讲人。

5月11日，公共管理学院谢治菊教授团队完成的咨政建议报告《社工嵌入易地扶贫搬迁助力乡村振兴的对策建议》获得了广西壮族自治区领导的批示。

5月15日，公共管理学院曾维和教授、政府管理系主任蒋红军副教授、南方治理研究院秘书长刘建义副教授等7人参加了全国第十三届公共治理青年论坛，并做论坛报告。

5月17日，物理与材料科学学院陈建生院士主持了第二期“未来科学家”沙龙活动，主题为“太空巡天黄金时代与大国复兴”。

5月17日，管理学院副院长肖佑兴副教授带领54名师生来到澳门城市大学开启了为期五天的实习之旅。

5月17日，《广州日报》刊发了广州发展研究院谭苑芳教授的论文：《多极联动打造广州科技创新强市》。

5月18日，公共管理学院党委书记刘向晖、副院长王枫云、教师代表陈晓佳、毕业班辅导员谭宇轩等出席深圳龙岗区人才引进“百校行”座谈会。

5月18日，音乐舞蹈学院本科生党支部书记李姝萱老师、研究生党支部书记张新新老师分别以“以实际行动争做一名合格的党员”“党的纲领”为主题在文新楼224室为学院入党积极分子上了两节党课。

5月19日，由公共管理学院谢建社教授撰写的决策咨询报告《关于加强企业诉源治理、构建职工福利协商机制的调查与建议》在《南方智库专报》（2021年5月7日）刊发，并获得广东省领导批示。

5月20日至21日，音乐舞蹈学院李颂东书记、周云副书记在学院会议室“坐诊”，为毕业答辩结束的同学开展“一对一”或“一对多”的就业帮扶。

5月23日上午，“智能媒体与超高清传播”研讨会举行。新闻与传播学院院长、基地主任田秋生教授，二级教授、湖南广播电视台原台长、基地首席专家欧阳常林教授，广州大学新闻与传播学院副院长邹军教授、副院长夏清泉教授及学院其他教师共同出席本次会议。

5 月 24 日，电子与通信工程学院曾衍瀚、揭海、曹忠、周发升、浣沙老师的《五维一体，三全育人——物联网工程创新人才培养的改革与实践》获第九届校级教学成果一等奖。

5 月 25 日，音乐舞蹈学院舞编 201 班全体学生在金念老师的指导下开展了“千千工程”读书分享会——“诵经典、传美德”。

5 月 25 日，公共管理学院院长陈潭、党委书记刘向晖、副院长杨芳、政府管理系主任蒋红军、科研秘书刘颖一同接待了来访的西安建筑科技大学公共管理学院郭斌老师一行。

5 月 25 日，音乐舞蹈学院举办“红旗颂”中国钢琴作品专场音乐会。学院党总支李颂东书记、周云副书记以及音乐表演系副主任唐馨副教授等老师出席了此次演出。

5 月 26 日，音乐舞蹈学院举办第七届舞台实践展演音乐会。音乐表演系主任黄颖仪教授、系副主任唐馨副教授、刘惠明副教授、郎逸峰博士以及吕婧老师出席了本次展演。

5 月 27 日，2021 年中国国际大数据产业博览会“数字政府建设与治理现代化”论坛盛大开幕。公共管理学院院长陈潭教授作为特邀嘉宾出席本次会议并作了主旨演讲。

5 月 28 日，物理与材料科学学院樊军辉、刘怡、袁圭海、裴致远老师申报的“读通一本书”——研究生课程体系的改革与实践荣获学校教学成果一等奖。

5 月 28 日，韶关市委理论学习中心组召开学习贯彻习近平总书记关于城市治理重要论述精神专题报告会，学习贯彻习近平总书记关于城市治理重要论述精神，并对时空大数据这一新技术进行深入学习。国际欧亚科学院院士、地理科学与遥感学院张新长教授受邀做专题演讲。

5 月，音乐舞蹈学院音乐表演系主任黄颖仪教授、器乐教研室主任杜帅黎老师指导民乐团演奏的《龙腾虎跃》节目，荣获广东省第六届大学生艺术展演活动艺术表演类乙组（专业组）一等奖，并代表广东省参加全国第六届大学生艺术展演活动艺术，荣获表演类乙组（专业组）二等奖。

5 月，中国博士后科学基金会公布了第 69 批面上资助拟资助人员名单，我校本次共 7 个项目获得立项，其中地理科学与遥感学博士后院杨蓉（合作导师朱竑教授）、博士后杨颖频（合作导师吴志峰教授）、博士后冼汉标（合作导师董旭辉教授）获得立项资助。

6月3日，公共管理学院参加“挑战杯”赛团队成员本科生邓洁文、丁悦、黄珏衡、徐琳、余洢彤、邱妙茜合作撰写的论文《我们需要“搬运工”：青年创业资源链接问题探讨》发表于《青年探索》2021年第1期，被人大复印资料《青少年导刊》2021年第5期全文转载。该文由广州大学公共管理学院谢治菊教授指导。

6月13日，由广州市人才工作领导小组办公室主办、广州市科学技术协会协办的“院士专家陪您战疫情”直播活动第四期开讲。人文学院曾大兴教授受邀进行专场讲座。

6月15日，管理学院薛小龙教授和港珠澳大桥管理局营运发展部张鸣功部长整理撰写的资政建议《关于破解港珠澳大桥跨界交通救援交接问题的建议》刊于《大湾区内参》2021年第3期（总第149期）及国务院发展研究中心主办的《经济要参》2021年第33期（总第2 495期）。该成果获广东省和广州市政府多位领导的肯定性批示。

6月16日，广州市党建学会发布2021年度调研课题立项通知，法学院余煜刚老师牵头申报的《高校党史学习教育长效机制的构建——基于广州大学“沉浸式”党史学习活动的研究》获批立项。

6月16日，物理与材料科学学院葛军博士和黄海鸣博士为并列第一作者，葛军博士和潘书生教授为通讯作者，以“A sub-500 mV monolayer hexagonal boron nitride based memory device”为题发表在中科院一区Top期刊*Materials and Design*，介绍了在单层氮化硼二维材料忆阻器研究中取得的进展。

6月19日至20日，第六届能源金融国际会议顺利召开，开幕式由我校国际交流与合作处处长汤萱教授主持，我校副校长孙延明教授代表学校致辞，主旨演讲环节由金融研究院院长李正辉教授主持。

6月20日，广东轻工职业技术学院特邀我校聂衍刚教授开展对青年干部题为“高校教师的压力调试和情绪管理”的专题讲座，并对其心理咨询中心工作进行指导。

6月29日，教师培训学院自考部全体党员来到桂花岗饭堂维持饭堂就餐秩序。

6月29日下午，音乐舞蹈学院教工第二党支部书记张甜甜为党员上党课，一起学党史；党总支李颂东书记带领全体教工党员重温入党誓词；教工第一党支部李敏同志带领大家进入“音乐党史”微课堂，介绍《唱支山歌给党听》

中的党史故事。

6 月 30 日，学校召开庆祝中国共产党成立 100 周年暨“七一”表彰大会，新闻与传播学院教师党员肖思为被授予“广州大学优秀党员”称号、播音系主任苏凡博被授予“广州大学优秀党务工作者”称号。

6 月，化学化工学院乔智威教授在国际学术界公认的材料领域权威期刊 *Advanced Materials* 上发表合作论文“Solution processable metal-organic framework nanosheets with variable functionalities”。该研究开发了具有可变功能的多孔 MOF 纳米片，可广泛用于电子器件中。

6 月，国际著名化学期刊 *Chemical Communications* 上发表了化学化工学院牛利教授和张保华教授题为“Nanoencapsulation strategy: enabling electrochemiluminescence of thermally activated delayed fluorescence (TADF) emitters in aqueous media”的最新研究成果，且网站以 inside back cover 形式予以亮点推介。

6 月，国际著名化工期刊 *Chemical Engineering Journal* 上发表了化学化工学院蔡卫权教授团队的最新研究成果“Constructing the frustrated Lewis pairs within N, S-codoped carbon to reveal the role of adjacent heteroatom sites for highly effective removal of heavy metal ions”。这项工作为具有优异重金属离子吸附性能碳基材料的设计和合成提供了借鉴。

6 月，化学化工学院乔智威教授团队在化工学科公认的传统国际顶尖期刊《美国化学工程师协会会刊》(*AIChE Journal*) 发表了题为“Molecular fingerprints and machine learning to accelerate design of high-performance homochiral metal-organic framework”的研究论文。同时，中科院一区 Top 期刊《材料化学学报 A》(*Journal of Materials Chemistry A*, Top, IF = 11. 301) 和中科院一区国产期刊《绿色能源与环境》(*Green Energy & Environment*, Q1, IF = 6. 395) 也连续报道了乔智威教授为唯一通讯作者的相关研究工作。

6 月，化学化工学院副教授林璟团队的最新研究成果以“An integrated strategy for achieving oil-in-00water separation, removal, and anti-oil/dye/bacteria-fouling”为题在化工领域权威期刊 *Chemical Engineering Journal* 上发表。

6 月，化学化工学院博士后梁菀纹入选中国博士后科学基金第 3 批特别资助（站前），获批资助经费 18 万元。

7 月 5 日，物理与材料科学学院张伟副教授指导学生在中科院小类一区 Top 期刊 *Dyes and Pigments* 上发表文章“Excited-state properties of y-series small

molecule semiconductors”。

7月6日，“献礼中国共产党诞辰100周年交响音乐会”在上海东方艺术中心隆重开幕，音乐舞蹈学院青年歌唱家、硕士研究生导师欧阳铭芮担任音乐会独唱嘉宾。

7月9日，“2021世界人工智能大会法治论坛”在上海隆重举行。法学院张玉洁副教授指导研究生谢佳利、李萌萌撰写论文，荣获本次论坛征文优秀奖。

7月9日，科研处杨新泉处长、地理科学与遥感学院院长吴志峰教授、分子遗传与进化研究中心主任刘宝辉教授、分子遗传与进化创新研究中心副主任孔凡江教授一行赴市农科院南沙基地考察现代创新农业。

7月13日，工程抗震研究中心执行主任马玉宏研究员当选为致公党广州市第十四届委员副主任委员和监督委员会主任。

7月15日，孔凡江/刘宝辉研究团队在国际权威期刊 *Current Biology* 在线发表了题为“Overcoming the genetic compensation response of soybean florigens to improve adaption and yield at low latitudes”的研究论文，进一步揭示了大豆低纬度适应性的分子遗传机制。

7月15日，物理与材料科学学院郭凯教授等在揭示122相Zintl化合物低晶格热导率的来源这一课题上取得重要进展，相关研究成果以题为“Unveiling the origins of low lattice thermal conductivity in 122 – phase Zintl compounds”发表于材料科学类顶级杂志 *Materials Today Physics*。

7月21日，地理科学与遥感学院章典教授携其团队成员王蕾彬博士，以及李腾、张盛达和张悦三名博士后，联合西安交通大学同位素实验室铀系定年专家张海伟副教授与中国科学院青藏高原研究所旧石器时代考古学专家贾真秀博士，赴青藏高原开展为期十天的科学考察。

7月21日，广东作协正式启动《广东文学通史》编撰工作。人文学院曾大兴教授、纪德君教授分别任第一卷《古代广东文学史》和第二卷《近代广东文学史》主编，耿淑艳副教授、龙其林教授、陈剑晖教授分别任其他相关卷目编写人员。

7月23日，图书馆刘雪明馆长、流通阅览部程微主任、办公室陈海丽副主任、信息服务部张新兴副主任、资源建设部张志老师接待了闽江学院图书馆一行4人来访交流。

7月28日，经济与统计学院叶祥松同志被评为广州市2021年“最美退役军人”。

7 月，图书馆刘雪明馆长获聘广州市图书馆学会第八届理事会副理事长，兼高校图书馆委员会主任委员。

7 月，化学化工学院彭峰教授团队与广东省科学院化工研究所曾炜研究员合作，报道了一种自供电的水凝胶柔性应变传感器，能够在监测人体运动的同时，利用人体的热量为传感器进行供电。相关研究工作以“Wearable self-powered human motion sensors based on highly stretchable quasi-solid”为题发表在国际顶级能源期刊 *Nano Energy*（IF = 16. 602）上。

7 月，化学化工学院杜磊副教授和邢丽欣讲师在材料领域著名期刊 *Adv. Funct. Mater*（IF = 16. 836）发表了题为“Re-looking into the active moieties of metal X-ides（X- = phosph-，sulf-，nitr-，and carb-）toward oxygen evolution reaction”的观点性论文。

8 月 4 日，化学化工学院党成雄博士、蔡卫权教授研究团队在化工学科著名期刊《应用催化 B》（*Applied Catalysis B*：*Environmental*，Q1，IF = 19. 503）上发表了题为“Porous Ni-Ca-Al-O bi-functional catalyst derived from layered double hydroxide intercalated with citrate anion for sorption-enhanced steam reforming of glycerol”的研究论文。

8 月 31 日，新闻与传播学院夏清泉副院长以及席红、谢明香、毛芳瑶、王子健 4 位老师带领学院暑期实践毕节队推普小组前往威宁彝族回族苗族自治县开展了实践调研、推普、新闻宣传等工作，并收到当地政府和党组织的感谢信。

9 月 3 日，机械与电气工程学院刘征老师参加广州大学首届课程思政教学大赛并获得校级一等奖。

9 月 3 日上午，受广州市教育局委托，教师培训学院丁邦友院长一行 6 人与湛江市教育局、湛江市教师发展中心召开了结对帮扶调研工作会议。

9 月 6 日，地理科学与遥感学院潘文彬副院长、李文翎副院长出席了广州市第 98 中学的“科普共建学校”授牌仪式。

9 月 8 日，化学化工学院乔智威教授指导学生完成的最新研究成果发表于化学工程领域的 SCI 收录 Top 级期刊 *Chemical Engineering Journal*。

9 月 11 日至 12 日，金融研究院院长李正辉教授受邀参加“2021 年中山大学金融工程与风险管理论坛”线上会议，并作主题为“金融科技与城市生态效率之间的空间交互溢出效应”的报告。

9 月 13 日，人文学院教育硕士实习基地签约及授牌仪式在广大附中增城实验中学举行，人文学院王琼书记、李茂增副院长、温小军副教授，广州大学教师发展与教学评估中心宋智副主任参加了活动。

9月14日，机械与电气工程学院王建晖老师组织班上同学召开“开学第一课”班会，主题包括让理想照亮未来、学习抗疫先进人物等。

9月18日，体育学院院长周二三教授在理科北207室为2021级研究生上秋季学期“思政第一课”，主题为学习领会习近平总书记在庆祝中国共产党成立100周年大会上的重要讲话精神。

9月23日，创新创业学院在三创营众创空间路演厅开展了本学年第一期创新创业系列讲座，数学与信息科学学院党委书记郑美玲，创新创业学院副院长肖杏烟、刘军军以及综合办刘英老师出席。

9月25日，管理学院谢洪明教授主持的“融入全球创新网络提升企业技术创新能力的学理、机制与政策研究”国家社科基金重大项目开题会在北京航空航天大学召开。

9月25日至27日，金融研究院李正辉教授、黄哲豪博士以及莫斌博士受邀参加第十三届中国决策科学学术年会。李正辉教授还当选为第三届管理与决策科学专业委员会常务理事。

9月30日，人文学院语言学教师团队荣获“2021年广州大学黄大年式教师团队”（四星级团队）称号。

9月，金融研究院院长李正辉教授被中国统计学会聘为统计科学技术进步奖评审专家。

9月，法学院张泽涛教授提案《以法律保障劳动者尊严　促进人的全面发展和共同富裕》被民盟广州市委采用作为提交民盟中央共同富裕专题座谈会的建议，并获领导人批示。

10月8日，2021年度全国高等院校古籍整理研究工作委员会项目立项名单公布，我校人文学院王凤霞教授的《晚清40年〈申报〉广告戏剧资料整理（1872—1911）》获批为直接资助项目。

10月9日，联合国人权理事会第48届会议召开，人权研究院支部书记周露露博士作为广州大学唯一的发言代表，也在本次会议上进行了云发言。

10月10日，地理科学与遥感学院肖福安副教授应顺德一中邀请参与“一中百场科技报道”系列活动，为近千名高中学子带来一场名为“ENSO的‘前世’与‘今生’”的主题科普报告。

10月13日，人文学院马喆副院长、历史系凌彦副主任等参加了校级校外实习基地广州市第一二三中学正式举行实习基地挂牌仪式。

10月13日，人权研究院刘志强教授参加了第四届“反恐、去极端化与人权保障”国际研讨会，并在“反恐、去极端化与权利保障”分论坛上发表了题为“反恐、去极端化是我国依法治疆的人权保障义务和国际责任”的报告。

10月14日，由施普林格·自然与清华大学图书馆共同举办的“面向未来的图书出版：价值·创新·协作”论坛在湖北武汉召开，图书馆孙凌副馆长代表我校图书馆出席了本次论坛活动。

10月15日，法学院公法研究中心副主任卢护锋副教授应邀在山东工商学院作关于“行政执法权全面下移的理论与实践”的法学学术讲座。

10月15日，人权研究院陈佑武教授、刘志强教授参加了“中国人权事业发展史的里程碑——纪念《中国的人权状况》白皮书发表30周年学术研讨会”。陈佑武教授发表了题为“《中国的人权状况》白皮书是当代中国人权学科的基石”的发言，刘志强教授发表了题为“论我国人权白皮书30年来的人权话语变迁”的发言。

10月15日，图书馆馆长刘雪明教授带队赴深圳大学图书馆考察调研。双方交流了未来图书馆发展建设的规划与设想，并就知识产权信息服务、科技查新与查收查引服务以及智慧图书馆建设规划等进行了深入的沟通交流。

10月18日，生命科学学院/分子遗传与进化创新研究中心的孔凡江和刘宝辉研究团队以广州大学为第一通讯单位，在 *Molecular Plant* 上发表了题为“Parallel selection of distinct Tof5 alleles drove the adaptation of cultivated and wild soybean to high latitude”的最新研究成果。

10月18日，地理科学与遥感学院吴志峰院长、陈宇红书记、章典教授、朱竑教授、肖福安副教授、曾娟老师和倪杰老师赴佛山市气象局、广东省生态气象中心佛山南海生态气象综合观测基地交流学习。

10月18日，环境科学与工程学院肖唐付院长、利盛炜书记带队赴东莞松山湖参加东莞市名校研究生培养（实践）基地2020级联合培养研究生入驻欢迎仪式，并与开源环境集团有限公司进行友好交流。

10月20日，黄埔研究生院学术沙龙活动在海丝知识中心B4栋103室举行，本期活动特别邀请硕士生导师、人工智能与区块链研究院2021级班主任唐伟轩老师作为主讲人，分享学术“进阶干货”，交流科研心路历程。

10月20日至22日，中南六省（区）高校图书馆学术年会在湖北省黄冈师范学院学术交流中心召开，图书馆流通部陈继兰、徐汉荣、赵荣、代婧四位老师参加了会议。

10 月 21 日，团市委志愿者行动指导中心主任一行来校调研众创空间入孵团队以伴教育的“云伴学”青年志愿服务项目开展情况，创新创业学院副院长肖杏烟、刘军军，财务处副处长林灿及孵化服务岗刘英老师参加了调研活动。

10 月 27 日，新闻与传播学院李春雷、曾丽红、徐来 3 位老师的网络舆情专家研判意见被市委网信办采纳，获市主要领导批示。

10 月 28 日，地理科学与遥感学院教工资环支部书记黄剑老师受邀到松山湖材料实验室为实验室全体党员讲党课。

11 月 1 日，法学院第三期“青年教师学术沙龙”在法学院会议室顺利举办，段陆平老师做了“审思人工智能算法裁判：分歧、障碍及其破解”的学术报告。

11 月 2 日，机械与电气工程学院桂珍珍、常家庆两位老师在学校第八届青年教师课堂教学竞赛初赛中获得二等奖。

11 月 5 日至 12 日，管理学院数据科学与电子商务系胡勇军博士为黄埔研究生院人工智能方向研究生举行为期 3 次的智能赋能之知识图谱概念与技术专题讲座。

11 月 5 日，图书馆馆长、知识产权信息服务中心主任刘雪明教授带队赴华南农业大学图书馆、知识产权信息服务中心调研，并就信息产权服务展开了深入的交流。

11 月 7 日，国际教育学院/卫斯理安学院杨春园、马玉佩老师带领我校来华留学生参加广州市社会医疗应急反应（SMERT）课程培训并通过考核。

11 月 10 日，管理学院人力资源管理与市场营销系陈嘉文老师以“企业家社交媒体使用与企业投资行为研究”进行学术报告。

11 月 12 日，体育学院召开刘学谦教授荣休座谈会。

11 月 17 日，广东省科技厅发布了《广东省基础与应用基础研究基金委员会关于 2022 年度省基础与应用基础研究基金自然科学基金拟安排项目资金的公示》，化学化工学院杜磊副教授获得了杰出青年项目的资助。

11 月 17 日，电子与通信工程学院刘锦教授以“从百年党史中汲取前进的智慧和力量——《中国共产党简史》导读”为题开展专题讲座，讲座由电子与通信工程学院党委副书记谢玲主持，学院党政领导、学生党员、入党积极分子 150 余人参加了本次讲座。

11 月 18 日，化学化工学院吴旭副教授团队的最新研究成果在工程技术与材料科学领域的顶级期刊 *Advanced Materials* 以“Simultaneous realization of

superoleophobicity and strong substrate adhesion inwater via a unique segment orientation mechanism” 为题发表。

11 月 20 日，张河清教授团队完成《广东省旅游景区和旅游度假区发展报告》。

11 月 20 日，广州市法学会金融法学研究会会长、法学院袁碧华教授参加第八届中国·南方金融法治论坛暨广东省与广州市法学会金融法学研究会 2021 年学术年会并主持闭幕式。

11 月 23 日，广州大学光电科普基地与广州市南沙灵山中学联合签订协议，携手共建广大附中青少年光电科普活动中心。物理与材料科学学院刘翠红老师为初三学子做讲座，介绍光电领域的技术前沿及其应用。

11 月 24 日，人文学院党委承办了“党的十九届六中全会精神”专题学习书法交流会，广州市关工委第一副主任、学校原党委书记陈万鹏老师与师生交流学习十九届六中全会精神及分享书法创作心得。

11 月 26 日，管理学院主办的“商学院建设与人才培养报告会”在图书馆副楼召开，学院薛小龙院长、李增祥书记、陈卫旗副院长、刘广海副院长、黄琼宇副院长及各系主任、各学科方向教授代表和青年教师参加会议。

11 月 27 日，电子与通信工程学院曾衍瀚副教授指导的本科生吴添贤在 IEEE APCCAS 会议上获得 Best Student Presentation Award。

11 月 29 日，人文学院各系教师、院领导马喆与学校兄弟学院教师共同观摩学习哈迎飞教授主讲的星级课程示范课“现代散文研究”。

11 月 30 日，机械与电气工程学院江帆教授以《机械原理》为例，为全院教师做“课程思政”专题报告。

11 月，人文学院王琼书记、李茂增副院长、温小军副教授、李丽华副教授参加了在黄埔区玉泉学校举行的教育硕士实习基地签约及授牌仪式。

12 月 1 日至 4 日，图书馆刘雪明馆长、艾新革副馆长一行 6 人，先后赴黔南民族师范学院图书馆、贵州师范学院图书馆调研，就图书馆在部门设置、人员结构、软硬件设施、读者服务、阅读推广、学科服务以及未来发展等方面进行考察交流。

12 月 2 日，教育部中外语言交流合作中心和世界汉语教学学会专家发布立项通知书，人文学院王海兰老师申报的《社会力量参与国家中文教育的现状调查与机制建设研究》课题获准为 2021 年国际中文教育研究课题一般项目。

12 月 2 日，全国哲学社会科学工作办公室公布 2021 年 11 月国家社科基金年度项目、青年项目和西部项目结项情况。人文学院纪德君教授主持完成的重点项目《中国古代说唱文学文献资料辑释与研究》项目获评优秀。

12 月 2 日，法学院张强老师关于增设粤港澳法制课程，加强教育引导全省高校学生涉港澳舆论导向的建议，被全国港澳研究会采纳，并报送有关领导和港澳工作部门或国务院港澳事务办公室有关业务司参阅。

12 月 2 日，桂花岗校区管委会何瑞豪主任、党支部苏沛祺书记带领管委会一行 8 人赴华南师范大学汕尾校区交流学习。

12 月 2 日至 3 日，联合国人权理事会第十四届少数群体问题论坛在瑞士日内瓦以线上线下相结合的方式举行，人权研究院青年学者毕颖茜在线参加会议并发言。

12 月 2 日至 4 日，第十七届海峡两岸图书交易会在厦门开幕。图书馆资源建设部邓改革馆员参与了此次交易会。

12 月 4 日，机械与电气工程学院陈从桂老师参加了七所社区在职党员进社区志愿服务活动，向广大群众宣传防范电信诈骗知识，推广安装“国家反诈中心”App。

12 月 4 日，建筑与城市规划学院李雪副教授在抗疫一线争当先锋、做表率，协助进行摸排“扫楼”工作。

12 月 7 日，机械与电气工程学院黄文恺、李致富老师结合学院的专业特色，为学生开展了以“高端职业规划与高质量就业——谈谈本科生科研的优势”为主题的讲座。

12 月 10 日，2021 年“外研社 · 国才杯”大学生英语挑战赛圆满落幕。由我校外国语学院谭苏燕副教授、王希腾博士、外教 Stuart Morris、彭念凡副院长团队指导的 2019 级本科生孔梓君同学荣获“全国英语写作大赛”亚军。

12 月 10 日至 11 日，金融研究院 3 位老师受邀参加 2021 广东经济学年会暨岭南经济论坛，其中陈双莲院长助理主持分论坛“区域经济与城市发展”，贾帅帅博士点评上会论文，莫斌博士指导学生宣读入选论文。

12 月 11 日，以“新平台 · 新机遇 · 新动能”为主题的 2021 年粤港澳大湾区学术研讨会在横琴线上线下同步举行。管理学院教授、广东华南经济发展研究会会长张仁寿做了主题演讲报告。

12 月 11 日，电子与通信工程学院彭妙颜教授、学生第一党支部书记欧阳曦老师、学生就业工作负责人王沁芳老师、团委书记张虓老师带领部分学生前往校友企业广州市锐丰音响科技股份有限公司参观调研，双方参会人员就党团校地共建合作、学生就业等事宜进行了深入交流。

12 月 12 日，生命科学学院舒琥教授团队在水产养殖尾水治理菌种研究方向取得新进展，在期刊 *Bioresource Technology*（中科院一区，IF = 9.642，工程技术 Top 期刊）在线发表了题为“Nitrogen removal characteristics and potential application of the heterotrophic nitrifying-aerobic denitrifying bacteria Pseudomonas mendocina S16 and Enterobacter cloacae DS5 isolated from aquaculture wastewater ponds”的研究成果。

12 月 14 日，法学院第四期青年教师学术沙龙在法学院会议室举行，黄岳老师报告论文《风险预防原则的功能和运用》。

12 月 14 日，物理与材料科学学院张靖仪教授主持召开主题为“黑洞与引力波研究国际动态”的未来科学家沙龙第五期活动。

12 月 15 日，“社会舆论与法治建设”研讨会暨课题结项会以腾讯会议的方式召开，法学院副教授张玉洁，粤港澳大湾区法制研究中心研究员王凌光、段陆平、王轩、陈婕、张颖等老师在会上分享了自己的观点。

12 月 15 日，物理与材料科学学院张福鹏副教授指导研究生以第一作者在 *The Astrophysical Journal Letters*（IF = 7.413）上发表题为“X-ray quasi-periodic eruptions driven by star-disc collisions：application to GSN069 and probing the spin of massive black holes”的研究论文。

12 月 16 日，金融研究院莫斌博士参加亚太应用经济学会（Asia-Pacific Applied Economics Association，简称 APAEA）主办的国际会议 Asian Economies VirtualInternational Conference，并在会上宣读论文。

12 月 18 日，由电子与通信工程学院副院长曾衍瀚老师指导、张妤婷同学负责的“人体温差供电的 ECG 信号检测芯片的研究与设计”项目，和由该院揭海老师和实验中心谢斌盛老师、刘葵老师共同指导，黄锦山同学负责的“基于无人机平台的快速通信部署系统”项目，均喜获 2022 年广东省科技创新战略资金（简称“攀登计划”）重点项目。

12 月 22 日，广东省政府地方志办公室等 10 部门公布了 2021 年“多彩乡村，学史奋进”主题教育实践活动优秀作品，优秀组织单位获奖名单。在微视频组别中，新闻与传播学院李彦指导作品《走进“烈士村”，聆听红色苏区的故事》荣获一等奖，李祥伟指导作品《谛听黄沙红色浪潮声，书写蔬菜助农新画卷》、刘涛指导作品《党建引领 乡村振兴》、李彦指导作品《看见黄堂村的美》分别获优秀奖；在调研报告组中，李彦指导作品《幸福是奋斗出来的——大埔县黄堂村的致富故事》荣获一等奖。

12 月 23 日，法学院张玉洁、王轩、陈婕、张强、张颖、段陆平、王凌光等老师参加了“网络舆论规制与区域法治建设”讨论会暨课题结项会。

12 月 23 日，数学与信息科学学院唐春明教授与华为技术有限公司合作的“基于多方计算的基础机器学习算法研究项目”顺利结题。

12 月 23 日，电子与通信工程学院张曼老师在广州大学第十一届青年教师教学竞赛决赛中获得三等奖。

12 月 23 日，电子与通信工程学院李俊老师的课程“通信系统原理”获学校 2021 年度校级课程思政立项建设项目。

12 月 24 日，体育学院在体训楼会议室召开蒋桂凤教授荣休座谈会。

12 月 27 日，教育部公示了第五届“全国大学生网络文化节”的遴选结果名单，新闻与传播学院副院长张爱凤教授指导的王玉洁、杨子曦和李佩玉的团队作品《画“疫”有声——面向公众的科学传播》荣获优秀奖。

12 月 29 日，法学院余煜刚老师主持，张玉洁、曾馨婵等老师参加撰写的课题《精神谱系与实践图景：高校党史学习教育长效机制的构建——基于广州大学“沉浸式”党史学习活动的研究》获广州市党建学会 2021 年优秀调研成果二等奖并结项。

12 月 30 日，机械与电气工程学院刘贵云副教授指导硕士研究生舒聪发表的论文“A modified sparrow search algorithm with application in 3d route planning for UAV”入选全球该学术领域前 1% ESI 高被引论文。

12 月 30 日，管理学院罗顺均副教授和王婧博士、方志宇同学合开发的原创性案例《小鸡鸭，大事业：新安大农业集团社会创业“造血式”精准扶贫模式》入选全国工商管理专业学位研究生教育指导委员会发布的第十二届“全国百篇优秀管理案例（精准扶贫与企业社会责任专项）”。

12 月 30 日，第十届“广东县域旅游竞争力评价研究”新闻发布会在我校举办，管理学院张河清教授团队向社会发布了《广东县域旅游竞争力评价研究报告（2020—2021）》。

12 月 31 日，管理学院薛小龙教授、黄琼宇副教授、朱慧副教授、孙延明教授、王学通教授整理撰写的智库报告《开展广东省数字经济发展态势评估和运行监测的建议》刊于《大湾区内参》2021 年第 10 期（总第 156 期），并获广州市主要领导的肯定性批示。

12 月，管理学院创新与战略系党支部书记冉佳森党课作品被评为学校“党课开讲啦”优秀党课。

# 我们的大学

## 师表撷影

## 张新长教授：抒科研情怀，谱育人华章

地理科学与遥感学院张新长教授从事地理信息科学（GIS）和智慧城市研究，在高等教育领域三十余载初心不改，奋斗在科学研究、教书育人和科普宣传的第一线，2021 年获得广东省“最美科技工作者”称号。

### 科技攻关守正创新彰显家国情怀

科学没有国界，但科学家有祖国。从大学毕业到大学教授、从高访学者到高校教师，张新长教授始终以攻克高科技领域前瞻技术的勇气和志气，怀揣带领“中国学生掌握中国创造走向世界科技舞台”，“运用测绘技术为粤港澳大湾区、一带一路发展保驾护航”的梦想，把家国情怀融入个人奋斗，用实际行动交出了成绩斐然的答卷：国家科技进步二等奖、广东省科技进步一等奖、教育部科技进步二等奖、华夏建设科技进步一等奖共 19 项省部级和国家级学会科技进步奖等标志性科学研究成果；并获“全国优秀科技工作者”称号。

张新长教授坦言：“我在地理信息科学方面真正的起步，其实是在第一次出国学习 GIS 应用开始，那是我在地理信息科学和技术领域上的一次重要转折。”1997 年，张教授作为高级访问学者前往英国深造。在学习过程中，他发现了“新大陆”——当时英国人已经能通过 Arc/Info 软件进行地理空间分析

了，而在当时的中国，只能通过手工画图。震惊之余，他想的是如何学到这些先进的技术，在英国一年的时间里他夜以继日地钻研，把 Arc/Info 软件的各种分析工具、模型、算法都一一摸透，为他今后的学术发展奠定了很好的基础。

回国后，张新长教授用自己的工资 8 000 多元买了一台计算机，每天不停歇地编程，把打印出来的地图带到课堂上向学生们展示，让学生们能真切地感受到先进的地理信息技术的魅力。从张教授创办的华南地区高校地理信息科学本科专业第一批 14 名学生，到现在数以千计的学生都热心地奋斗在这个行业里，他一直坚持着一个很强烈的想法："要让中国的学生掌握最现代的科学技术，能够为我们国家经济社会的发展做出贡献。"

**潜心教学传道授业勇担育人使命**

张新长教授潜心教学，匠心育人，勇当学生成长的引路人。他开创了我国测绘地理信息领域精品在线开放课程的先河，通过慕课的生动教学颠覆了传统课堂，成为全国大学生的"网红教授"；他始终关注学生发展，注重通过课堂教学传道授业解惑。他强化研究型教学，非常重视培养学生创新能力，针对学生的不同特点，开展了多层次、立体化的教学模式探讨，积极鼓励学生拓展思路，自主开展专业学习与实践探索。他指导学生先后获得广东省大学生挑战杯、全国大学生超图杯、ESRI 杯 GIS 大赛等一系列奖项。他主持了多项省部级教学教改项目，涉及专业综合改革、教学团队建设、精品课程建设、教学方法研究等多个方面，获广东省教学成果一等奖、广东省"特支计划"教学名师等称号。张教授坚持育人为本，在本科课程建设方面取得了卓越的成绩："地理信息系统概论"课程获得首批国家级精品在线开放课程、首批国家级一流本科课程；"数字城市"课程获得第三批国家级精品视频公开课程；"智慧城市"课程获得首批上线国家高等教育智慧教育平台课程。

随着移动互联网的迅速发展，教育界迎来了"翻转课堂"时代。张新长教授的地理信息系统概论课是首批尝试慕课这种新型在线授课模式的课程，面对的是全国高校 GIS 专业的学生。"为了上好这门慕课，我除了做科研、指导研究生以外，心思全放在慕课上了。"教学视频由二三十人的团队精心制作，课堂上说的每句话都经过精心设计，每一个概念都经过认真核实，每节课都按照知识点来作为索引，完全按照公开出版的要求来精心录制……"制作一节课的工作量比我上十节课的工作量还要大。"尽管过程辛苦，但张教授仍然乐此不疲："这件事很有意义，它对于促进中国高等教育公平性和普及性太重要了。”讲授过程中，张教授会使用浅显、接地气的生活实例来解释一些相对晦涩深奥的概念，用通俗的语言讲授科学理念，使受众更容易明白什么叫作GIS。比如说，张教授把看似复杂、笼统的城市管理问题，比作生活化的“B超”“肠镜”：“在电脑上通过几张‘地图’便可以像做‘B超’‘肠镜’检查那样一目了然”，为城市管理提供解决思路。课堂的每一句话、每一个知识点，都要求清晰准确；每一个专业概念，都要与教学团队核实，再把整理后的知识点相互融合。功夫不负有心人，张教授主讲的“地理信息系统概论”获评为教育部首批国家精品在线开放课程。

张新长教授既是“严师”也是“慈父”。他要求GIS专业研究生要做到“三会”：一会写源代码；二会写论文；三会“讲故事”。他鼓励学生在科研过程中多思考，想清楚再实验，一定要掌握正确的科研方法，做一个会思考的科研工作者。严师出高徒，张教授带出的毕业生如今也都是各个领域的研发高手。张教授对学生的学习要求严格，但又对他们的生活无微不至地关心。张教授的一个硕士研究生因家境贫寒曾萌生放弃读研的想法，是张教授的劝导让他决定入学。研究生三年的生活中，张教授资助他的学费和住宿费，使学生没有后顾之忧地潜心投入科研项目中，让学生感受到实验室并不是只有冰冷的仪器，更有家的温暖。

**热心公益服务社会始终初心不改**

虽然年轮变换、岁月流逝，但张新长教授热心公益事业，始终初心不改，步履不停，坚守社会公益服务一线，用丰富的科学技术为美好社会赋能。张教授走入广东中小学课堂，深入浅出地为中小学生讲授科学知识，“大”教授 讲“小”科普；张教授走遍广东中小乡镇，为科技成果服务乡村振兴奔忙，让“小”乡村蕴含“大”能量。

2017年10月，张新长教授面向广州大学大一新生举办“时空大数据——改变世界的技术”专题讲座，由此开启了面向学生的科普之旅。张教授先后10多次赴茂名、东莞、肇庆、佛山、云浮等地市中小学进行公益科普宣讲。2018年5月，他奔赴中山为火炬一中的同学们作专题演讲；2018年9月，前往佛山三水中学，为高一新生们讲授“开学第一课”，讲解时空大数据对当下智慧城市建设的关键作用。

在空间信息化助力乡村振兴方面，他走遍广东省山山水水，为乡村振兴而忙碌奔走，多次深入广东省茂名、肇庆、韶关等辖属的30多个县、乡开展调研和公益科普讲座，打造“智慧乡村”。为梅州大埔等地全力打造5G赋能乡村发展、农业信息化技术、惠及三农乡村建设振兴，做了许许多多的公益社会服务。因在科普工作和社会服务中付出的巨大努力，张新长教授获得了2019年“第二届广东十大科学传播达人”称号。

疫情期间，张新长教授也不遗余力地通过网络视频方式投身多场公益讲座。他表示，疫情无情，教师有情！疫情无情，学子深情！突如其来的疫情，让整个社会秩序和运转陷入了困境。对中国高校来说，尽快恢复正常的教学工作，不仅是所有工作的重中之重，也是抚慰广大师生内心和展示我国高等院校抗疫决心及勇气的举措。同时他在公益直播中也赠言广大师生：“胸怀大局、坚定抗疫、学思相契、牢记理想、登高望远。”

（供稿：地理科学与遥感学院）

## 刘宝辉教授：黍下筑梦，豆惠万家，他是“感动广州的最美教师”

广州大学生命科学学院刘宝辉教授潜心大豆育种研究，躬身农业科技创新，以其攻关克难的决心、恒心、信心获得2021年“感动广州的最美教师”殊荣，让我们一起走进他的故事。

刘宝辉教授曾获得2021年“感动广州的最美教师”；从事豆科作物的基础理论和品种优化研究，研究成果在2017、2020年分别被评选为中国十大农业科技进展；培育的大豆新品种2017—2020年累积推广508万亩，为农民增收2亿元；2020年百亩连片种植实收测产亩产达292.37千克，比我国大豆平均亩产132千克提高一倍以上。他带领的团队牵头主持的国家基金委重大项目实现了广州大学从“0”到“1”的突破；先后培养了国家自然科学基金杰出青年科学基金、优秀青年科学基金获得者各1人。

### 不忘科研信念，决心报国

“我们国家的本土作物，现在却在贸易上处于被动地位，这是不利于我国的食品行业、饲料产业的。”刘宝辉教授深知大豆种植现状，一直潜心豆科作物的基础理论和品种优化研究，几十年如一日，每天不是到试验田就是在实验室，从来没有休息日、节假日，即使是春节也是在实验室度过，通常一待就是十几个小时。实验室清冷的灯光见证了团队每一个人的不懈付出。“既然确定

目标，就要全力以赴，做科研要的就是这种决心！”对于日常一天十几个小时的奋战工作，他们没有丝毫怨言，而是以高昂的工作状态，实实在在地诠释着科研人吃苦耐劳、细致认真、不懈奋斗的精神。

自2008年回国后，刘宝辉教授就进入中科院，组建了大豆分子实验室，一直到现在的广州大学分子遗传与进化创新研究中心，十余年的时间带领一个团队通力合作，发展壮大，走向国际前沿。“刚回国的时候，我们整个实验室几乎是从零开始。”刘宝辉教授广纳贤才，调动所有可利用的资源筹备实验室，正是他和团队的无私奉献，实验室才能走过艰辛的初始期，才使得课题组前期积累了丰富的材料。

**不忘教学使命，恒心育人**

刘宝辉教授始终立足为党育人、为国育才的初心，他虽然科研任务繁重，但依然把教书育人作为头等责任。他担任了生物制药191班第一班主任，承担了“生物学大事件”“基因功能研究技术”“植物分子育种”等课程的教学任务。“说到底我还是一名老师，教书育人是我们的本职工作，所谓教学相长，和学生一起讨论课题我也会收获很多。”

刘宝辉教授把课程思政融入日常专业教学，身体力行讲好中国科学家故事，同时结合三年来持续坚持捐款资助四川省甘孜州石渠阿日扎乡学校孤儿的经历，把自己长期科学实践中积累的宝贵精神财富转化为育人的丰富资源，努力为国家培养更多德智体美劳全面发展的社会主义建设者和接班人。

“我虽然主攻科研，但是也为许多新青年引头，带领一个团队不容易，必须有恒心帮助每一个人。”广州大学分子遗传与进化创新研究中心是一支年龄梯队合理、学术方向高效协作的队伍。时至今日，中心已有教授 5 人（二级教授 2 人、三级教授 1 人）、副教授 3 人、讲师 6 人、博士后 18 人。尽管团队里每个人的性格、年龄、经历和研究方向都不尽相同，大家却磨合得很好。头雁先飞，群雁齐追。中心在刘宝辉老师、孔凡江老师的带领下，形成了互帮互助、精益求精的学术研究氛围。

**不忘社会责任，砥砺前行**

“我经历过粮食紧缺时期，也看到过国际经济萧条，深知掌握农业核心科技的重要性，我做了十几年研究，有信心通过农业科技改善老百姓的生活。”作为大豆科学研究者的责任是重大的，肩上的社会使命更是重大。国内大豆产需缺口巨大，然而在刘宝辉教授等科研工作者的潜心研发下，我国现有的种植面积的单产，从之前的每亩地 120 千克到现在的 297.37 千克，已实现了量的飞跃，并在量的飞跃的同时力求奋力实现质的飞跃，为我国提供高质量大豆。

刘教授在突破多项技术壁垒的情况下，依然坚守教书育人，负责任地完成好教学工作。2021 年入选“感动广州的最美教师”，刘宝辉教授说道，“感谢市里对我的认可，不过荣誉对于我并不是最重要的事情，我还是希望把最前沿的、自己最了解的知识传授给学生”。如今对科技研发感兴趣的同学越来越多，也有各种创新大赛为研究提供了良好平台，刘教授对此十分欣慰。他认为，把兴趣变成动力，再通过行动转化为成果，是每一位科研工作者的必经之路。

学高为师，身正为范。刘宝辉教授正坚守在他的岗位上用高尚情怀和优秀品质深深影响着身边更多的人。

（供稿：生命科学学院）

## 马玉宏研究员：与时代同行中尽显巾帼风采

**笃学不倦，展现“她智慧”**

在很多人看来，土木工程是典型的工科，野外作业多，需要学习的知识繁杂多样，被认为是对女性“不太友好”的专业。但是，马玉宏觉得专业没有性别之分，只有个体学习的差异。大学毕业后，她就与土木工程结下不解之缘。2000 年博士毕业，马玉宏师从中国地震局谢礼立院士，2002 年作为百名博士引进广州建委工作，后来到了广州大学工程抗震研究中心，一直从事与土木工程有关的工作。

初到抗震中心时，由于硕士、博士和博士后期间主要从事理论研究，马玉宏面临着“理论研究丰厚，实践经验缺乏”的窘况。但这并未影响她对土木工程的热爱，马玉宏沉下身子，认真学习，项目负责人、同事、工人……都成了她的老师。从认识应变片开始，到压混凝土试块，再到一步步画图，马玉宏不厌其烦地向他们请教，恶补试验书籍和试验标准，终于逐步掌握了振动台试验技术、压剪试验等技术，补齐科研短板，走上了抗震隔震的科研之路。

她在工程结构基于性态抗震设防及隔震等领域解决了关键技术难题，建立了建筑结构全概率、多目标抗震性态设防理论，系统构建了基于性态抗震设计的原则、目标、理论及标准体系，为推动我国工程结构性态抗震设计理论的发展做出贡献。

面对“基于性态的抗震设防标准”这一国际前沿课题，在谢礼立院士的带领下，马玉宏和团队克服资料缺乏、研究难度大等重重困难，历经十余年潜心研究，建立了全概率、多目标抗震性态设防理论，作为 3 项创新性成果之一荣获国家科技进步一等奖，为推动我国结构抗震设计理论的发展做出了贡献。2004 年，马玉宏又加盟周福霖院士团队，致力于隔震技术的研究和推广应用，从纯理论研究转向了理论与试验、实际工程应用相结合，并参编我国第一部建筑隔震设计标准、第一部桥梁隔震支座和建筑弹性滑板支座国家标准，填补国内空白，助力我国隔震产品的研制、隔震技术和隔震产业的发展。

**教书育人，展现“她魅力”**

“每天都能听到马老师爽朗的笑声！”

“平时生活中十分和蔼可亲，也很随性，但是一说到研究和学术方面的事情，绝不马虎，对我们要求很严格！”

马玉宏将勤勉的科研态度投入教学当中。“那时我教授的地震灾害风险分析课程没有官方教材，也没有可以借鉴的资料。”马玉宏皱着眉头说。为了对学生负责，她查阅了大量文献，并结合多年的知识积累，独自整理完善了地震灾害风险分析知识体系，并编写《地震灾害风险分析及管理》一书以便课堂教学。她的举动极大地促进了该门学科的建设和发展，也得到了业内的支持和认可，北京防灾科技学院就曾经将此书引入课堂，作为教材使用。

“一丝不苟”是马玉宏的学生对她教学风格的普遍评价。马玉宏的一位学生笑称，马老师总要求他们协助师兄师姐做实验，但这实验并非做研究，而是帮忙整理实验器材。对于学生的“抗议”，马玉宏表示，工作虽易，却能提高学生团结协作的能力，让新同学迅速进入科研状态。这种为学生考虑、认真细致的教学态度，赢得了学生们的广泛好评。她作为核心成员，入选全国高校黄大年式教师团队——我校减震防灾教师团队。

**抗震救灾，奉献“她力量”**

2008 年汶川地震后，作为抗震工程的专家，马玉宏暂别家庭，与我校抗震研究团队一同奔赴地震现场进行考察。直至今日，她仍然忘不了离开家的那天的清晨，在准备出发的最后一刻还去看了一眼正在睡梦中的孩子。“离开他的早晨我是含着眼泪走的，非常舍不得。”她也忘不了考察期间靠自备的馒头、火腿肠、矿泉水来维持体能，撑到深夜……那些清晨起床，从成都开车去震区，进行科研调查的日夜已烙印在马玉宏的心上。

当时，作为整个考察组里唯一一名女性，她要和男同事们一起爬进已经被破坏的建筑，深入内部去查看破坏的形态，分析破坏的原因，但她没有一丝怨言。“我们经常晚上 11 点多才能回去，早晨 6 点多又要出发。”虽然困难重重，但对于一个研究者而言，这也是难得的机会。她希望能够去地震现场拿到第一手资料，了解建筑结构真实的破坏状态，回来后开展科研，找到能够保证建筑结构安全的技术方法，尽可能降低灾难带来的损失。在这样艰苦的条件下，她和同事选择坚持下来帮助震区恢复重建，“汶川疾控中心、汶川二小等都有我们广大抗震研究团队的参与成果，现在回忆起来仍觉得难忘”，马玉宏感叹道。这次经历也促使马玉宏及团队加强对隔震设计理论及技术的深入研究。

**科研创新，付出“她热忱”**

港珠澳大桥是我国的超级工程，面临长期复杂海洋腐蚀环境和地震的双重威胁。马玉宏所在团队在国内外首次系统性地开展了海洋环境和地震耦合作用下隔震支座及材料性能劣化理论和试验研究，历经 10 年，创建了海洋环境下橡胶隔震支座及材料耐久性理论。当设计团队受邀到现场观看施工、爬上仍在建设的大桥时，马玉宏十分动容，“看着它从设计到成型的过程，内心非常自豪!”此外，她带领团队对国内外数十家厂家的隔震产品开展了大规模型式检验，为港珠澳大桥隔震关键技术的研究与应用做出了贡献。这些成果作为5项创新性成果之一获得广东省科技进步一等奖。

除此之外，该团队还提出了核电厂基底整体隔震的策略，主持完成我国第一个核电站ACPR1000+核岛隔震整体试设计工作，设计并协助建造我国第一个隔震核电厂应急指挥中心，主持编制了国内首部核电厂隔震企业标准，成果获中国核能行业协会科学技术奖二等奖，并被我国首部《建筑隔震设计标准》（GB/T 51408－2021）所采纳，为今后核电厂隔震设计提供了依据和方法标准。

一路风雨走来，马玉宏挥洒智慧和汗水，秉承科学求真、勇攀高峰的理想信念，胸怀甘于奉献、造福社会的崇高价值，彰显新时代女性的巾帼风采。

## 韩冬雪教授：为党育才，科技报国

清晨的阳光在理科北楼长长的走廊上铺上一层金色，一个高挑俏丽的身影穿过走廊，停留在打卡机前，打卡机传出一个甜甜的声音：“今天又是你最早哦!”这样的场景几乎每天都在重复，这位几乎每天都是最早上班的老师，就是分析科学技术研究中心党支部书记韩冬雪教授。

韩冬雪教授来自祖国的北疆，与改革开放同龄，2017年底以国家优青的身份引进学校工作。2018年分析科学技术研究中心党支部成立，韩冬雪教授被选为支部书记。在她的带领下支部不断壮大，党建工作有声有色。作为一名高校教师团队的基层党务工作者，她始终坚守“为党育才，科技报国”的初心，坚持为学生上好“思政第一课”，为学院分党校上专题党课，还担任了化学系2020级两个班的第一班主任，以自己成长成才的经历勉励同学们为中华之崛起而读书，发展个人“硬核”，将人生追求与实现中华民族伟大复兴统一起来。2019年，她曾走进著名的中山纪念中学，为毕业班的学生做了一场精彩的演讲，开启了学院科学家走进中学、走近中学生之旅。

她把党建工作有机地融入业务工作，以党建引领事业的发展。支部所在团队自引进广州大学以来共发表SCI论文181篇，出版中英文专著5部，获得包括国家、省部级、地方及企业横向科研项目74项，科研经费支持共3 436.7万元；以广州大学为发明单位申请专利72项，授权专利19项；获批广州市传感材料与器件重点实验室科研平台，建立广州大学校企联合创新中心7个。她培养国家优青 1 名，广东省杰青 1 名，广州市高层次人才——杰出专家 1 名、优秀专家 1 名、优秀青年后备人才 4 名，广州市青年人才托举工程 1 名；培养已出站博士后 8 名、博士毕业生 3 名、硕士毕业生 10 名；引进广东省杰青 1 名、广州市优秀专家 1 名，人才梯队建设工作有声有色。

身为一名基层的科研工作者，她一直铭记祖国和人民的需求，面向国际前沿研究领域，尤其是国家“卡脖子”难题的攻关和地方经济建设需求。来校后，她引领团队迅速融入学校科技发展，在科研工作中取得不俗的成绩，近几年她还发表了包含“Nature sustainability” “angewandte chemie international edition”等在内的 59 篇通讯作者 SCI 论文，近年来研究论文总引用 11 600 余次，h 因子 51；4 项专利获得转化，为合作企业产值提升做出积极贡献；受邀在第十四届全国电分析化学学术会议、第二届全国食品生物技术大会、广东省分析化学年会、广东省食品学会年会等做大会报告及邀请报告；获 2020 年广东省测量控制与仪器仪表科学技术二等奖，2021 年中国发明协会发明创业奖创新奖二等奖；指导学生开展多项科技创新项目研究，获高教主赛道国赛铜奖、中国“互联网 +”大学生创新创业大赛广东省分赛银奖第一名、全国大学生化学实验创新设计大赛“微瑞杯”华南赛区二等奖。

2019 年韩冬雪教授被推选为学校化学学科 ESI 建设负责人，在她的统筹推动和大家的协同努力下，仅仅用了 1 年多的时间我校化学学科就成功进入 ESI 全球前 1% 行列，为学校、学院学科发展做出了积极的贡献。2019 年她被推选为化学化工学院副院长，以筹建博士点，提升学科水平，努力建成化学、化工两个国家“一流”本科专业为奋斗目标，力争早日实现科研与学科建设、人才培养的相融相促，助力提升我校化学、化工两个学科的社会影响力，为地方经济建设贡献力量。

2020 年韩冬雪教授成功入选我校首个广东省高校“双带头人”支部书记工作室，打造了属于自己的党建工作品牌。2021 年，她带领的广州大学光电化学及功能材料科研团队荣获四星级“广州大学黄大年式教师团队”，她本人被评为学校优秀党务工作者。2021 年，我们党迎来百年华诞，她光荣地被推举为建党百年广州市百名党员领誓人，代表广州市 71 万名党员向党庄严宣誓。2021 年韩冬雪教授被选为广州市党代表，光荣地出席了广州市第十二次党代会。

以立德树人为己任，为党育才，科技报国，为富国兴邦贡献力量，这就是韩冬雪教授铭记在心的初心与使命。

（供稿：化学化工学院）

## 哈迎飞教授：潜心教研，乐在其中

哈迎飞，广州大学人文学院博士生导师，中国现当代文学学科带头人，担任中国现代文学研究会理事、中国鲁迅研究会理事、中国老舍研究会理事，广

东省教学名师。

哈迎飞教授多年来一直从事中国现代文学的研究，并取得了丰硕成果，在《文学评论》《中国现代文学研究丛刊》等学术刊物上发表学术论文 80 余篇，其中系列论文《周作人与佛教文化关系论》、专著《半是儒家半释家：周作人思想研究》发表后受到了业内专家与教授的高度评价。“从事文学研究工作让我有与众不同的认识事物的体验，我感觉很愉快”，“很多的困难都成为经历”，哈迎飞感慨道。

在教学工作中，哈教授潜心研究、静心教学、用心育人，她主讲的“中国现代文学经典导读”公开课，采用大班教学、小班研讨和学生独立学习相结合的方式，以“经典阅读—感性体验—理性领悟—人生浸润—价值认同”的渐进式教学方法，化解学生在经典学习中的知识障碍和畏惧心理，改善学生的阅读习惯，提高学生的阅读能力，增强文化自信，培养家国情怀。该门课程在学生中有着良好的口碑，也让她两次获得“最受学生欢迎的老师”称号和广州大学教学名师奖。

哈迎飞教授领衔的“文学经典教育课程思政教学团队”为省级课程思政示范团队（2020），团队在课程的基础上注重梯队建设，并积极开展课程思政理论研究与实践，先后主持或完成“现代中国的文学教育与意义生产研究”“现代化进程中文学经典的认同作用研究”等多项国家及省部级项目。在高教出版社出版了《中国现代文学经典导读》《人文教育与艺术鉴赏》等一系列高质量的文学经典教育教材，在课程思政工作中发挥了基础性的保障作用。

“学无止境，乐莫大焉”，哈教授用八个字总结了从事工作以来的感受，她坦言，教学与科研是存在矛盾的，两者都需要投入大量的时间和精力，“科研是教学质量的保证，教学是科研意义的实现，我希望能把他们有机地结合在一起”。

（供稿：人文学院）

## 丁云飞教授：以研促教勤耕耘，站好讲台育桃李

丁云飞，我校土木工程学院教授、博士生导师，建筑环境与能源应用工程专业（以下简称“建环专业”）“国家综合改革试点”广东省重点专业负责人，广东省高等学校教学名师，南粤优秀教师。现为建环专业“国家一流本科专业建设点”“国家专业综合改革试点”“广东省重点专业”负责人，主持

广东省一流本科课程、广东省系列在线开放课程、广东省精品资源共享课、广东省课程思政示范团队、广东省教学团队建设。主编国家“十二五”规划教材在内的高校教材 7 部，主讲本科生及研究生多门主干课程，其中主讲的“冷热源工程”课程被评为广州大学优质课程；主持国家自然科学基金、广东省自然科学基金等多项科研项目，获国家专利优秀奖 1 项（排名第 3）、广东省科技进步二等奖 2 项（分别排名第 1、第 2）、广东省教学成果二等奖 1 项（排名第 1）等教学科研奖项。

1990 年 7 月，丁云飞教授刚从哈尔滨建筑工程学院毕业，还没来得及细细思考未来的职业选择，就走上了教书育人的道路。当时他所任职的学校是华南建设学院（西院），就是在这样一个“学校很小，教学和科研各方面条件都受到限制”“从前门到后面的教学楼只不过五分钟”的学校里，他迈出了走上讲台的第一步。从本科毕业到现在，丁云飞教授把他三十多年的光阴都献给了教学科研工作，为了提高自己的业务水平，还先后攻读了硕士和博士学位。三十多年来，他目睹教书育人这条道路上不少人来了又走，走了又来，但他却认准了这个职业，一直安安心心地坚持下来，从未动摇。

**思政育人，严爱并济**

在教学过程中，丁云飞教授注重将思政教育与专业教育相融合，注重将专业发展与国家战略相结合，鼓励学生为国家绿色发展做贡献，培养学生的“使命担当意识”。“思政教育不是简单的说教，要把专业知识教育与国家和社会发展需求相关联”，这是他在专业教学过程中的自觉追求。丁云飞教授特别提到，他所教授的建环专业本身就带有很强的思政基因，建环专业的任务就是创造良好的室内环境，满足生产和生活的需求，同时也消耗了大量能源，增效降耗是建环专业的责任，因此，他在冷热源工程、供热工程、传热学等课程教学过程中，不断强调节能减碳的重要性，强调建环专业对建筑领域节能减排的重要性。他在教学过程中坚持政治性和学理性相统一，并将节能减排意识贯彻到整个教学活动过程中，培养学生的"生态文明意识"。他所负责的团队还被评为广东省课程思政示范团队。丁云飞教授在教学过程中十分关注学生的身心健康，"我们要把学生当成自己的孩子，培养他们成长的过程一定要有爱心、耐心和责任心"，他特别强调作为老师一定要有爱心，认为现在的年轻人思维敏感、思想活跃，作为老师要善加引导，用自己的良好品质与精神气质去感化同学，为学生做出表率，培养学生的独立人格和积极向上的精神，形成正确的价值观、人生观、世界观。同时，作为老师要多在情感、态度、价值观上对学生进行激励、鼓舞，传递做人的正能量。在平日的教学活动中，他褒贬分明，严爱兼济，以高标准要求自己，也以严要求教育学生。

**紧跟时代，勇于创新**

"紧跟时代，勇于创新"是丁云飞教授对自己的要求，也是他对学生的期望。为了不断提高学术水平和教学质量，他也积极参加学术会议和教学研讨会。"专业前沿知识必须快速进入课堂。"他强调，在教学过程中需要不断将专业领域的新技术、新规范带进课堂，介绍给学生，不能照本宣科。在讲课过程中，他习惯用生活常识和工程案例诠释理论知识，一方面通俗易懂，另一方面典型工程案例也容易引起学生兴趣和关注，这种教学方式也赢得了不少学生的喜欢。为此，近年来，丁云飞教授还积极走进工程项目，挖掘项目痛点难点问题，并引导学生积极思考解决的方案。

“当下社会转型很快，故步自封是走不远的。”丁云飞教授认为大学期间，学生锻炼自我学习能力和解决问题的能力是很重要的，如果不能很快地跟上时代，主动适应社会发展，很容易被社会淘汰。因此他十分重视本科生创新能力培养，多年来坚持指导大学生科技竞赛活动，如 CAR-ASHREA 设计竞赛、MDV 中央空调设计大赛等，在竞赛中，他反复强调方案创新的重要性。近年来，建环专业学生在各级各类竞赛中取得了优异成绩，特别是在专业最有影响的 CAR-ASHREA 竞赛中，他参与指导的学生团队连续四年闯入决赛，1 次获一等奖、3 次获二等奖。

“信息技术的飞速发展，对老师的教学方法也带来了新的挑战，如何让我们的课程吸引住学生，让学生主动想走进我们的课堂，是对新时期老师的共同挑战，这就要求我们在教学方法上要多样化，形成特色。”丁云飞教授持续探索、大胆尝试，他积极带头开展在线开放课程的建设，不断开发网络教学资源，如将专家案例讲座也网络化，很好地拓展了教学的时间和空间，并使学生能够利用碎片化的时间进行学习，一方面丰富了教学内容，另一方面扩大了学生的知识面。

“对学生有耐心，对职业有恒心，不断地探索，将新的知识传播给学生”，这是丁云飞一直以来坚持的信条。从教以来，他一路以“研”促“教”，“教”为主，“研”为辅，保持一颗求思进取的心。“奉献”二字不易，这过程难免枯燥乏味，而他“总能从中得到乐趣”。未来，他仍将在这片绿植边，勤于探索，浇灌教学科研的繁茂大树。

（供稿：土木工程学院）

## 廖云丹老师：创新教学，教研相长，引领成长

廖云丹，副教授，广州大学 2021 年度课程思政优秀教师，广州大学课程思政教学研究与实践中心特聘研究员，建筑设备工程系副系主任。主持国家自然科学基金 2 项，省教学教研项目、省高管会思政教学项目等 3 项；参与国家

科学基金等项目 10 余项。发表教学与科研论文 30 余篇，参编行业团标 1 部，获中国专利优秀奖、广东省科技进步二等奖、广州大学教学成果奖一等奖、广东省课程思政教学大赛优秀奖、广州大学思政教学大赛一等奖、全国建环专业青年教师讲课大赛二等奖等多个奖项。

廖老师在工作中勇于创新，敢于实践。作为教学主任，她从人才培养角度，搭建了基于工程教育理念和 TPACK 教学理论的 流本科课程体系架构，优化并修订人才培养方案；作为省级思政教学团队成员，创新设计跨学科跨院校课程思政指导方案，并搭建专业课程组，多次组织专业课程教学研讨会。课堂之余，她更是注重学生的人格培养和心理建设，大力建设并推广本科生导师制，为学生提供学业、心理和生活帮扶。廖老师坚信每个学生都有其优点和长处，作为老师要多与学生接触，引导学生挖掘自身潜能，强化学习主动性。

在教学过程中，廖老师特别注重课程思政教育，不但将专业知识教育与国家和社会发展需求相关联，鼓励学生以科技创新服务国家绿色发展，更充分融入“责任担当”意识培养，强化学生的使命责任感和学习主体意识。以所承担的专业核心课程“建筑设备自动化”为依托，构建课程思政融入的课程知识体系。根据产业、行业和社会对人才的新需求，确定课程教学的综合目标，将专业素质教育与课程思政有机融合。同时创新“以生为本”的课程思政教学方法，开展基于探究式教学模式组织教学，鼓励学生进行发现性学习、研究性学习和共享式学习。另外还开设“学科前沿研讨课”和未来智慧建筑等前沿课程，使学生能紧跟专业技术发展前沿、把握科技发展态势，构建学生持续性学习动力。

在科研征程上，廖老师坚持“以教促研，以研促教，教研相长，引领成长”的教研相辅理念，密切跟踪建筑低碳节能技术发展的同时，将新理论、新成果、新技术引入课堂，激励学生参与到科研工作中来。所带领的本科生团队以国家基金项目的分支内容为题，申报并获批了多项国家级/省级本科生创新项目，获批了专利也发表了多篇学术论文。使学生学以致用，增强了学生的学习兴趣和专业自信。

“以使命感强化学子责任担当，以科技创新推动绿色发展”是廖老师写在课程思政方案的主题句，也是其一直在贯彻的教学理念。未来的工作路程上，廖老师将持续创新，坚持教研相长，让“创新意识”深入学生思想主体，让“责任使命”成为学生发愤图强的动力。

（供稿：土木工程学院）

## 谢治菊教授：创新创业课程为培养乡村人才引流助力

2021 年是“十四五”的开局之年，也是全面乡村振兴的实施元年，但目前的乡村发展面临乡村人才短缺和乡村人才低质化的困局。

数据统计，我国农村外出务工劳动力总量已达1.8亿人，选择返乡创业的人仅占0.6%，乡村人才是“进不来”也“留不住”。

从接受教育帮扶，到开发扶贫资源育人，再到脱贫攻坚后全面培育乡村人才，广州大学乡村振兴研究院院长、博士生导师谢治菊教授带领团队始终走在课程思政革新的前沿。自2018年至今，通过培育潜在人才、培训本地人才、孵化返乡人才，一条完整的乡村人才培养思路慢慢形成。

谢治菊通过延续“十三五”期间开设“中国扶贫密码”课程的做法，创设“乡村创新创业实践”课程。该课程引导学生到西部去、到基层去、到农村去创业就业，为乡村人才振兴提供智力支撑与新生力量。

据悉，课程以“线上+线下”“理论+实践”“校内+校外”“常态+项目”的方式，结合乡村振兴的现实需求与实践要求，打造“政产学研创”五位一体的协同育人平台，形成“校地、校企、校社、校村、校农、校校”六类合作的课程推广体系。

为更好地开展课程实践，课程组以口述故事征集活动为引领，先后开展了“攻坚2020：一线扶贫干部口述故事”与“开局2021：乡村致富带头人口述故事”征集活动，让学生以这样特殊的方式走进乡村，进而了解乡村、关注乡村、投入乡村、献身乡村、振兴乡村。

截至2021年底，已有100多名学生以脱贫攻坚与乡村振兴为主题在“互联网+”、挑战杯、创青春等各种学科竞赛中获奖，50多名学生获批大学生创新创业项目，“三下乡”实践团队也获得全国大学生“百强”暑期实践团队提名以及“广东省社会实践优秀团队”“广州市社会实践示范团队”等10余项荣誉，与此有关的省级课程思政示范团队、优秀案例、教改项目、教学成果奖获批10余项。

（供稿：教务处）

## 陈喜强教授：不忘初心的“师德标兵”

经济与统计学院陈喜强老师是2021年我校“师德标兵”称号获得者。

陈喜强老师长期在教育第一线工作，能够牢记使命、不忘初心、践行社会主义核心价值观和师德行为准则。第一，坚持把思想政治工作贯穿教育教学全过程，比如在承担“国际经济合作”课程的教学过程中，能够结合国际经济形势，开展思政教育，给学生灌输爱国主义情怀，正确认识中国特色和国际比较，取得了较好的效果。该课程深受学生欢迎，获得了“广州大学第二届优质课程”称号，课程任课教师获得广州大学首届“最受学生欢迎的老师”称号，任课教师多次获得本科课堂教学优秀奖。

第二，在教书育人过程中，能够把握学生思想特点和发展需求，结合教学和指导的内容，对学生进行精细化思想教育，关心学生的全面发展。一是充分利用第一班主任和“千千工程”联系老师的身份，积极参与学生的班会、团会等活动，并结合自身的成长经历，教育学生正确认识时代责任和历史使命，坚定信念，学好本领，投身到祖国伟大复兴的建设中去，做出贡献。二是利用课外指导教师的身份，积极主动参与学生课外活动的指导，在指导中以身作则，让学生不仅学到专业理论方法，还能得到言传身教的熏陶。其中，他参与指导的詹昊林同学的团队获得第十六届“挑战杯”全国大学生课外学术科技作品竞赛国家级二等奖。此外，还通过毕业论文指导教师、创新班导师的身份积极承担学生的指导工作，多途径实施对学生的教书育人和立德树人工作。三是利用博士生导师和硕士生导师身份，做好研究生的立德树人工作。一方面，引导研究生正确认识世界和中国发展大势，正确认识中国特色和国际比较，正确认识时代责任和历史使命，坚定信念，努力培养成为德智体美全面发展的高层次专门人才。另一方面，注意加强对学生的人文关怀和心理疏导，在关心帮助研究生的过程中做好教育和引导工作。比如，2019 级的孙同学在初入学时，由于认识上的不足，对读研究生有不够正确的理解，导致许多行为出现偏差，跟不上研究生培养所要求的步伐。通过一年多不断细致的思想工作，现在该生已经转变认识，重新树立了正确的世界观和人生观，正在努力追赶失去的时间。

第三，积极主动关心学院的立德树人工作，积极承担学院相关公共事务工作。一是积极参与学院多个委员会的日常工作，积极为学院的发展献计献策。二是积极参与学院经济学科的建设，为应用经济学一级硕士授权点的立项作出了应有贡献。三是积极参与专业建设，通过梳理国际经济与贸易专业的建设经验，提炼专业特色，协助傅元海院长申报获得广东省特色专业建设项目立项。四是以身作则，积极指导青年教师做好教学工作。一方面，通过青年教师指导老师的身份做好青年教师的指导工作，现已经完成对 7 位青年教师的指导，他们中的绝大部分已经成为学院教学骨干教师，同时利用教学督导的身份，积极帮助青年教师提升业务水平；另一方面，在学科建设和专业建设过程，以身作则，潜移默化影响青年教师的成长。

（供稿：经济与统计学院）

## 左康华副教授：致广大而尽精微

2021 年是左康华进入广州大学工作的第 8 个年头。在办完入职手续、正式成为一名广州大学的教师后，她在自己的电脑桌面新建了一个文件夹，名称叫作“广大精微”，用来归档工作以来的各类材料。

取这个名字略带些戏谑，因为专业缘故，《中庸》是左老师常摆在手边的典籍，篇中“致广大而尽精微”恰好包含作为广州大学简称的“广大”二字。但在日复一日的工作中，这种调侃的心态逐渐褪去，她渐渐将这句话当作教学和科研的座右铭。在科研上，“致广大”意味着宏阔的学术视野与旨趣，“尽精微”意味着严谨的论证和字斟句酌。在教学上，“致广大”是感受青年学生群体的时代脉搏，“尽精微”则是希望帮助学生完善知识体系，以求变化气质、陶冶性灵。

作为一名思想政治理论课教师，有着铸魂育人、立德树人的根本使命，但这一使命的实现有一个基本前提，就是学生对思政课感兴趣。思政课是知识教育，更是认同教育，找不准学生的兴趣点，只能让学生对思政课“敬而远之”。在这一方面，马克思主义学院有着优良传统。自2009年广州大学学生会组织评选“最受学生欢迎的老师”和“最受学生欢迎教师团队”以来，马克思主义学院教师团队连续多年获此殊荣，思想政治理论课教师始终是全校“最受学生欢迎”公共课教师的群体，占总数的80%。在团队的帮助下，左康华思考的方向从“我想讲什么”转为“学生为什么要听这节课”“学生可以从我这里收获什么”。这不是庸俗的“功利主义”，而是一种换位思考，是将学生作为课堂的“主人”，在这一前提下重新设计教学安排、准备教学资料；是将教师作为课堂的“主持”，以科研水平提升教学水平。“致广大而尽精微”时刻提醒着她在教学的过程中贴近学生、贴近生活、贴近实际，在科研的过程中提升教学深度、提升教学水平。

在成为思政课教师的第七个年头，左康华副教授获得了第五届广东省青年教师教学大赛二等奖，她想将这项荣誉献给所有教过的学生，感谢他们的陪伴和督促，也希望电脑桌面上的那个“广大精微”的文件夹可以日益丰富，成为她职业生涯的忠实见证。

（供稿：马克思主义学院）

## 陈咸瑜副教授：三尺讲台存日月

陈咸瑜老师从教27年，忠诚党的教育事业，始终扎根教学一线，教书育人，业绩突出，深受学生欢迎。自2008年学校开展“最受学生欢迎的老师”评选活动以来，共11次当选，是马克思主义学院“最受学生欢迎教师团队”中的优秀和典型代表。2021年，获“南粤优秀教师”称号。

陈咸瑜老师主讲多门本科生、研究生的公共基础课、专业基础课，专业基础扎实，教学理念先进，对教学工作饱含热情，始终把“引领青年学子一起到那肃穆的真理圣地，去朝见人类思想史上真正永垂不朽的大师”视为一件艰难而富有意义的挑战，在教育教学实践中尊重教育教学规律，善于结合社会生活实际和学生个性身心特点，注重运用先进的教学理念和教学手段，追求思想碰撞和情感交融所构成的美感、质感，使干涩的理论变得深刻、生动而富有活力。

其富有创造性地开展的课堂教学活动，对于开拓学生学术思想视野、提升学生政治理论思维水平和理性思辨能力，促进学生人文精神与科学精神的融合起到了积极作用，得到了专家、学校领导、督导、同行和学生的高度肯定。

教育部思政课评估专家、北师大马克思主义学院院长王树荫教授听课后以“一个思想家、演说家、好老师”来评价陈咸瑜老师。学生普遍认为，在陈老师一以贯之的课堂言行中呈现出的教育理想、教学思想、教学方法、教学探索与思想互动的热情以及思考结晶之中，能为自己的思想成长和精神发展找到有价值意味、有深度启发的思想资源和精神动力。

陈咸瑜老师积极开展教学研究与改革，一直走在教学改革创新的前沿，先后主持教育部思政专项、省级教研课题和市、校各级教研课题，在教学研究中不断推进思政理论课的教学改革，打造具有普遍推广价值的思政“金课”。其探索并形成的“哲理与诗情融合式”教学模式为新时代思政课教学改革与创新提供了可供参考的范例，多门主讲课程获评为学校优质课程、四星级课程和省级一流课程。他积极支持并大量参与学生课外活动，如青马工程、学生党课、校园辩论赛等，运用专业理论知识和人文学养关怀学生成长，以实际行动践行学校“德才兼备、家国情怀、视野开阔，爱体育、懂艺术，能力发展性强”的人才培养理念。

（供稿：马克思主义学院）

# 邱雪梅副教授：潜心一线，以法育人

对于法学院邱雪梅副教授而言，站好三尺讲台，是她从教的初心；全心教书，以法育人，是她从教的信条。在 13 年如一日的平凡岗位上，邱雪梅始终秉持“德法兼修”的理念，认真履行教师职责。

## 用“真心”讲好每一堂课

邱雪梅副教授坚守在课堂教学第一线，她将习近平法治思想巧妙地融入民法学课程，采用“请求权方法”帮助学生体系化地学习民法、塑造民法思维、提升法律适用能力。为了能在课堂上将专业知识最好地呈现给学生，她投入大量的时间和精力研究国内外经典案例，不断更新教学案例库，逐渐形成了具有鲜明特色的案例教学法。正是由于其高度负责的精神，其讲授的课程在学生中保持了很高的口碑。每一堂课结束，同学们常常自发地为她精彩的授课鼓掌。在选课中，原本为选修课的侵权责任法课程几乎变成了人人抢选的“必修课”。

每次上课前，她都反复备课和修改课件，下课后也及时为学生答疑解惑。邱雪梅对待教学工作认真负责的态度及良好的师德师风，获得了学生的高度认可，屡获广州大学本科课堂教学一、二等奖，曾获得广东省首届微课大赛三等奖、广州大学青年教师讲课比赛二等奖、广州大学教学创新大赛二等奖。

**用“真情”带好每一位学生**

“生命的意义在于增益他人的幸福与快乐。”2017 级拔尖创新班（步云班）的毕业生说，邱老师和同学们分享她最喜欢的这句名言，成为当时作为迷茫青年的自己的人生箴言，“为我指明了之后学习和生活的方向”。

邱雪梅作为步云班的导师和班主任，经常一对一地与学生谈心谈话，及时掌握学生思想动态，并尽可能为学生排忧解难。“邱老师，亦是我们心中的邱姐姐，她对我们的关爱和教导终生难忘。”“遇见邱老师，是我一生之幸！”对于学生这些评价，邱雪梅感到很欣慰，这正是她用真情育人结出的果实。

邱雪梅还坚持科研引领教学，教学促进科研。多年来她有效组织优秀学生参与教育部青年基金项目“先合同责任”和国家社科基金一般项目“民法典编纂视野下过失类型化研究”的研究工作，并在基础上发表论文。她多次指导学生参加大学生创新创业项目，指导本科生毕业论文获得广州大学本科毕业论文创新奖。2011 年以来，她多次获得广州大学“最受学生欢迎的老师”称号；2012 年荣获广州市教育系统“女职工建功立业标兵岗”标兵称号；2013 年荣获广州市优秀教师称号；2021 年荣获广州大学“师德标兵”称号。

2008 年入职法学院以来，邱雪梅老师立足平凡，用“真心和真情”对待教书育人工作，用平凡的坚守，造就了不平凡的奉献，诠释了教书育人的真谛。

（供稿：法学院）

## 刘锋钢老师：让爱陪伴成长，把爱融入教育

如何让班级的学生感到温暖，营造家的氛围，陪伴、教育学生成长，是每一位班主任、每一位导师都要去思考的问题。作为第一次当本科生班主任、第一年带研究生的“新手”，刘锋钢老师深知“爱的力量是无穷的”，师爱是一种信任、一种尊重、一种鞭笞、一种激情，更是一种能触及灵魂，动人心魄的教育过程。

刘老师喜欢和自己的学生一起打饭、谈天，从日常交流中学会了倾听、学会了欣赏，在不经意的瞬间一点一滴深入了解到了学生的心理变化。他坦言：在教书育人的过程中，爱是教育的根基，更是教育的灵魂，做学生的知心朋友，才能与他们实现心灵的沟通。

2021 年他带的一名学生由于情感困扰，在心理上产生了消极念头，甚至想要轻生。刘老师敏锐地察觉到学生的变化，马上给予了密切的关注。此时。学生的亲友也基于对刘老师的熟悉和信任，将危险信号第一时间传递给了他。在学生疑似失联的紧急关头，刘老师果断向学院领导反映情况并立刻报警，和学院一起迅速发动各方力量寻找失联学生，及时避免了悲剧的发生，拯救了一条年轻生命。

也是 2021 年，刘老师班上的一名女生遇上了人生的难题，难以面对。这个女生第一时间想到了平时关心爱护他们的刘老师，并向他寻求帮助。年轻的刘老师面对女孩子的困难，发动了自己的爱人一起做工作，并及时联系了学工处的老师。经过了将近半年的共同努力，终于帮助这名女生成功解决了人生的难题。

刘老师每周都会留出时间与本科生、研究生一起讨论科学研究方法，共同制订解决方案。学生在科研中遇到瓶颈、在实验中受挫，都会第一时间想到向刘老师“求助”。在刘老师的帮助下，好几名转专业的同学顺利度过适应期，重新找到了专业认同和学习自信。同学们纷纷表示：年轻的刘老师更像是我们最信赖的大师兄。

作为一名“90 后”，刘老师冲劲十足，在潜心攻克通讯材料领域的瓶颈难题的同时，努力培养学生，与学生共同成长。近三年，他以第一作者或通讯作者身份，共发表 SCI 论文 24 篇，其中 JCR 一区 23 篇、ESI 高被引论文 2 篇，指导了近 30 名本科生深入参与科研，5 项学生作品获得“挑战杯”立项，4 项学生作品获大学生创新训练项目立项，指导的本科生公开发表 SCI 论文 14 篇。

（供稿：化学化工学院）

## 林晖老师：教育是一辈子的事

2021年9月，我校人文学院林晖老师被授予“南粤优秀教师”荣誉称号。

林晖老师长期从事师范生培养工作，坚持贯彻课程思政，用心教改，在省一流课程、优质课程建设领域成效显著，先后获得10次教学优秀奖；所主持建设的广东精品在线课程（线上一流本科课程）“语文课程实践技能”在疫情期间发挥了积极作用，全国超过15所高校使用，辐射到9个省（自治区）；主持多项教育部、省、市教改项目，参与重大攻关项目，科研与教研互相促进。

“教育往往是一辈子的事，在错失了大学期间宝贵的学习机会以后，觉悟过来，还可以在今后的工作中，在社会大学堂里充实自己。作为老师，如果在大学期间能够为学生埋下一颗学习的种子，相信学生在今后的人生中总会通过不断学习来提升自己的。”林晖老师深情地表示，在她看来，每个学生都是可造之才，作为老师，要倾心于每一个学生的培养教育，把学生的潜力充分发挥出来。

从教三十多年来，林晖老师培养出了非常多优秀的学生。她认真上好每一堂课，耐心教好每一个学生。林晖老师称，教书育人是自己的本分，要把“南粤优秀教师”这一荣誉看成是对自己的鞭策与鼓励，在今后的工作中更好地尽到作为一名教师的责任。

（供稿：人文学院）

# 李美娜老师：德高为师，身正为范

李美娜老师，博士，广州大学生命科学学院副教授。2007 年毕业于中国科学院遗传与发育生物学研究所，获发育生物学博士学位。她于 2008—2013 年和 2015—2016 年，分别在美国杜克大学（Duke University）和爱荷华州立大学（Iowa State University）从事博士后研究工作。2017 年入选广州大学“百人计划”，同年 7 月加入广州大学分子遗传与进化创新研究中心。2021 年荣获广州大学十三届“最受欢迎的老师”称号。

## 教研相长

李美娜老师至今已教书 4 载，负责植物生理学、基因工程等多门课程的教学工作。她在课堂上经常会结合书本中的内容向同学们介绍相关知识的国内外研究进展和相关实验室的具体工作，也会通过讲述自己的科研经历，提高学生在课堂上的专注力，同时能够给学生很多启发，努力培养和激发同学们的学习兴趣。李老师比较注重学生的文献检索和阅读能力培养，尤其是鼓励和帮助学生尝试英文文献的阅读，培养同学们主动学习课外知识的意识，注重全方面能力的发展。此外，李老师一直奋战在科研一线，潜心研究，在国际著名刊物 *Cell*、*Gene &Development*、*PNAS*、*Plant Cell*、*Molecular Plant*、*Plant Physiology* 等发表多篇论文，主持国家级项目 2 项，省部级项目 3 项，校级项目 1 项。

**教学与科研，亦师亦友**

成为学生的良师益友一直是李美娜老师的愿望。在平时，李老师在关心学生学习情况的同时，也会关心学生的生活近况，主动与学生沟通，关怀学生，尊重学生，爱护每一位学生。学生评价中出现最多的词是“认真、亲切、温柔”，教书4载，这是李老师收到最温馨的评价，同时这也肯定了李老师的教学成果与教学质量。郭同学说：李美娜老师将“教书育人”刻在心里，她不仅教授了知识，李老师高尚的品德与优秀价值观深深影响着同学们；陈同学说：一直非常钦佩李美娜老师，她一直谨记小班研讨课上老师与她分享的经历与经验，这不断鼓励她继续前行，努力实现自己的人生理想。

**孜孜不倦**

“师也，教之以事而喻诸德也”，李美娜老师说：“对于一名教师最重要的品质是责任心，而对于科研工作者拥有坚强的意志品质是最重要的。”除了生物知识，她还希望能够将乐观热情、积极向上的人生态度带给学生们。李老师一丝不苟的科研精神，循循善诱、诲人不倦的教学精神不断地影响着生命科学学院学子。

“德高为师，身正为范。”李美娜老师用心灵的沟通传递知识，传递能量，传递品质。她坦言：她一直向生科院其他优秀的老师学习教学方法，不断做到最好。希望日后能尽力提高教学质量，不辜负学院同学的期望。教师的职责就是教书育人，春泥护花之意，培育人类的花朵，绘制灿烂的春天。

（供稿：生命科学学院）

## 马鸽老师：教书育人，初心不改，奋斗不息

### 爱心和耐心是构建师生沟通的桥梁

马鸽老师常说："进了广大，我首先是一名老师，而老师的第一准则是拥有师爱。"她信奉教育是根植于爱的。教师有爱心，才会用伯乐的眼光去发现学生的闪光点；教师有耐心，才会循循善诱调动学生的积极性。因此马鸽老师不仅会记住每个学生的名字、尊重学生、爱护学生，更会时刻关注学生的心理状态，共情学生所思，有的放矢地及时给予指导和帮助，潜移默化地实现"亲其师、敬其师、信其道"的育人过程，被学生亲切地称为"马姐姐""马哥哥"。

### 真心和恒心是践行立德树人根本任务的保障

马鸽老师主要讲授学科基础课"电路"和专业课"机器视觉基础"，她时常关注在校学生的学习进度，并且通过问卷、微信等形式进行毕业生回访，深入了解学生对知识的接受程度、就业对课堂知识的需求，分析当前教学的痛点问题并积极应对。在"知识传授、能力培养、价值塑造"三位一体的人才培养模式下进行教学改革与创新，在课堂中加入应用实践、创新项目案例等，理论与实践相结合进行知识的讲解，同时引导学生思考案例中所涉及的个人责任、工程伦理、民族自信等，以真心和恒心践行立德树人的根本任务。如，以网红产品节电器为例讲解功率因数的提升，通过扮演打假专家培养学生求实的科学精神；以随处可见的视频监控、视频门铃等为例展开隐私与技术的抉择大讨论，引导学生思考技术发展过程中不可忽视的工程伦理问题等。

### 用心和用行守护教书育人的初心和使命

马鸽老师担任机器人工程系副主任、教育部首批虚拟教研室——电路原理课程虚拟教研室秘书，她主讲的"电路"课程获评第三批和第五批四星级课

程，“机器视觉基础”获评课程思政示范课程、示范课堂。马鸽老师获得学校第二届教师教学创新大赛决赛一等奖、第十一届青年教师教学竞赛决赛一等奖、首届高校课程思政教学大赛决赛二等奖，本科课堂教学优秀奖一等奖 2 次、二等奖 1 次，教学学术论文评比二等奖 2 次，课程思政优秀案例等奖项。马鸽老师担任电气 163 班、机器 211 班班主任，被评为优秀班主任，电气 163 班获评优良学风班、优良学风标兵班（全校第一名），指导的本科毕业设计获评优秀一等奖。作为党员，马鸽老师两次民主评议优秀，她一直坚信“如果学生是一朵含苞待放的花蕾，教师的职责就是让学生在这片温暖的阳光里绚丽绽放”。坚定教书育人的初心不改，践行立德树人的根本任务不息，马鸽老师一直在路上。

（供稿：机械与电气工程学院）

## 彭雨晴老师：教学上坚守“四度空间”　国际传播中讲好岭南故事

三尺讲台，三寸舌，三寸笔，三千桃李，教师职业是彭雨晴老师对自己最美的想象。彭雨晴老师在教学中坚守她的“四度空间”理念，同时带领学生参与国际传播实践，推进岭南文化海外传播。

彭雨晴，广州良师，获广东省第五届高校青年教师教学大赛一等奖，广州大学青年教师教学竞赛社科组第一名，全国大学生广告大赛优秀指导老师，主持国家社科基金项目“马来西亚华裔粤语媒介使用与文化认同研究”，主持完成广东省社科规划项目“‘一带一路’背景下粤语海外传播与族群认同研究”，任国家级普通话水平测试员、中央广播电视总台市场研究中心（CTR）研究员。

22 岁就走上大学讲台的她，至今仍记得自己上第一堂课时的场景，甚至是班里学生上课时所坐的位置。课堂上，她会用心感知学生的反馈，关注学生的状态，包括他们的眼神和动作，由此调整自己的话语节奏和案例深浅度。在她看来，教学不是教师输出了多少内容，而是学生接受了多少内容、掌握了多少技能、领悟了多少知识。为了达到更好的课堂效果，她会把自己上课的过程录下来，以学生的身份去听自己讲课，然后不断改进，从接受者的角度去调整自己作为传播者的表达。“作为一名教师，我需要了解自己的教学效果，而后不断地自我调检。”同时，她也会与学生沟通，询问他们对课堂的看法，听取学生意见，优化教学模式。

执教十年，她在青年教师教学竞赛中仍不断反思、改进。“教学竞赛和普通教学是完全不一样的，平常教学是在脑海中构思教学设计而不是写出一个完整的提纲，但在比赛中要把它呈现出书面的内容，形成文本之后，自我对教学便有了更加细致的反思。”彭老师把自己的教学理念总结为“四度空间”——态度、力度、深度、温度。首先是态度，“老师是第一身份，教书是第一工作，上课是第一责任”，对待教师这份职业，任何时候都不能忘记自己的使命与责任，这是最基本的态度。第二是力度，教学准备需要深耕，精益求精，无论是教学设计还是教学 PPT，反复打磨、反复演练是课堂教学中内容精良、表达畅达的基础。第三是深度，本科教学要体现高阶性、前沿性、创新性，教学设计要有思想和学理的深度，同时要兼顾共鸣性，做到通俗易懂、由浅入深、深入浅出。第四是温度，艺术是以情感人的，教学也应当如此，以情感人，润物无声，才能取得更好的教学成绩。

她认为，本科教学既要体现高阶性与前沿性，也要展现应用性与服务性，播音主持的语言传播工作应力求服务社会发展。她积极贯彻落实习近平总书记在全国宣传思想工作会议上的重要讲话精神，以“推进国际传播能力建设，讲好中国故事，传播好中国声音”为指引，立足粤港澳大湾区，面向“一带一路”，推动建立了海外华文媒体线上实践教学平台，通过与海外华文媒体合作，指导学生制作《音乐里的乡愁》《中国名片的前世今生》《广东味道》等融媒体节目，让学生参与全球节目内容创制与传播，讲好“中国故事”和“岭南故事”，推进普粤双语传播人才建设，带领学生在国际传播实践中推进全球华人命运共同体建构。

## 林晓莺老师：“最受学生欢迎的老师”

林晓莺老师今年被评为“最受学生欢迎的老师”，她认为做好本职工作，保持做专业老师的初心，学生就能够感受和体会到。

林老师主要负责师范类工艺美术的基础和专业课程的教学。在课程准备方面通常都在开课前的一个学期末就联系学生，并准备好相关课程的专门材料和物资。在课程开课前 1 个月，就组织班级学生进行几轮创作的初稿工作。她就是这样保证学生的课程进度和质量的。课程准备上，林老师每年都会把相关的课程资料、课件进行迭代式更新，保证资料的前沿性质。

林老师认为教师的专业科研始终是课程思维导向的关键。所以，她注重关注学科前沿，注意宏观和微观的学科发展的最新动态，并且有自己的研究和判断。例如从师范类的工艺美术方向来看，她注意到中央美术学院的传统工艺美术专业是放在实验艺术学科的范畴里探索发展的，这也给学生在现代社会中探索传统工艺的可能性提供思考。

在课程结束时，林老师一般会组织学生做整个课程的体会和总结，并且选取比较典型的课程作业案例发表到相关的专业学习平台上，让学生的学习不限于课程时间内，或者有展览的时候安排班级组织参加展览，与社会有一定的交流。林老师更希望学生能够在专业课程中学会专注，在享受专业探索过程中有更深刻的体会，能够建立自己的学习思维和行动方式。

（供稿：美术与设计学院）

## 马玉佩老师：擅长发现学生的“美”

我校国际教育学院马玉佩老师，在疫情期间不能展开线下留学生活动的情况下，积极鼓励带动我校留学生参加线上各项文化活动，屡得荣誉，其中由教育部举办的经典诵读活动，马老师指导的作品《李白诗选读》获得留学生组全省第二名的好成绩，并取得参加国家复赛的机会，为我校争取了荣誉。

马老师擅长发现留学生的特长和优势，根据活动的特点，邀请不同的留学生参与其中发挥自己的特长。在这个过程中，留学生的积极性被极大地调动起来。留学生反映，疫情期间，虽然外出不能像往常一样方便，但是在精神方面得到了很大的丰富，通过参加线上活动的方式，更加深入了解了中国的传统和文化，他们也得到了提升，尤其是能够在参赛中获奖，让他们觉得更加自信，能够为学校争光令他们倍感光荣。

在2021年全国经典诵读活动中，马老师发挥了对外汉语教学专业特长，根据学生语音特点为学生选择了适合的朗诵的作品，还注重发挥留学生的特长和优势，将中国武术等元素融入诵读作品中，为作品增添独一无二的色彩。在拍摄视频的过程中，马老师更是精益求精，在一天中不同的时间踩点，根据采光效果不断调整拍摄时间和角度，追求最好的拍摄效果。正是因为马老师认真细致的指导、追求极致的态度，最终呈现出最好的作品。

（供稿：国际教育学院）

## 钟晓静老师：为师的幸福感

时光荏苒，岁月如梭，不知不觉间机械与电气工程学院钟晓静老师已到广州大学从教六年了。她从最初上讲台的战战兢兢，到如今期待着每一次的课堂交流。广州大学作为广东省高水平大学建设计划重点建设高校、广州市高水平建设高校，在大力培养教师专业素质，为师师交流、师生互动提供优良平台，从多方面提高教师教学能力提升教学质量。她对学校和学院有关青年教师的成长培养充满感激，学校赋予了教师们为人师表的力量，让广大师生在教学互长过程中获益良多，幸福感满满。

### 师师交流——互帮互助

为让新进教师更好地提升教学能力，学校制订了一系列帮扶方案，包括一学期的岗前培训、不定时的督导听课、大量的教师经验交流会、校外培训计划等。钟晓静老师于2015年入职，机械与电气工程学院安排教学经验丰富的王清教授对其进行一对一帮扶教学工作，每周随堂听课，传授课前准备、课堂教学、PPT制作、考核命题等方面的经验。为让她能更快更好地提升教学能力，学院组织专家对她的课堂教学进行评估，同行专家的点评让她收获颇丰。她也积极参与学校教师发展中心提供的多项教师交流活动，包括教师交流午餐会、IWS

教师工作坊等，通过交流平台相互学习，她不断改善和创新教学方法。在2020年青年教师教学竞赛期间，她积极参加学校教师发展中心聘请校内外专家组织的培训和指导，认真研究参赛主题和内容，反复试讲，精耕细作，努力提高自身竞争力，在学校和学院的大力支持下，钟晓静老师荣获省赛工科组第一名。

**师生交流——教学相长**

自入职以来，钟晓静老师承担的课程有电路、电路实验、复变函数与积分变换、MATLAB实验仿真、VB可视化程序、专业英语、数理统计等，涉及机器人工程、电气工程及其自动化、物联网等专业的学生。为了给学生创造更好的互动交流环境，更全面地了解学生的学习状态，便于开展有针对性的教学，向以“学”为中心转变，她主动参加学校雨课堂教学培训提升教学技能。她利用学校新建的智慧教室，在课堂教学中增加互动回答、学生实时演练等环节，更好地了解到学生的知识掌握情况，同时让学生横向比较，激发学习热情。

钟晓静老师说：作为一名广州大学的专职教师，心中有梦、身上有情、手中有书、眼中有事、工作有心，职业幸福感满满。

（供稿：机械与电气工程学院）

## 吴丽琴老师：积极参与社区疫情防控志愿者工作被传为佳话

在2021年广州市疫情最严重的时期，居住在荔湾东漖南路芳和花园的环境科学与工程学院教师吴丽琴博士的小区成了封闭管理区域，该社区也是荔湾最大的社区，公租房和安置房加起来约有2万名住户。

5月26日社区实施封控管理后，吴丽琴老师报名加入社区的党员志愿者队伍，刚开始协助做核酸检测，后来成为荔湾封控管理区域超过3 000个由社区基层党员志愿者、医护人员和公安民警组成的“三人小组”成员中的一员。吴丽琴和她的伙伴——番禺中心医院的金医生和社区基层民警郭警官组成的“三人小组”也忙碌起来，承担居民健康检测、核酸采样、协助排查、物资配送、反映诉求等多项工作。在此之前，三人来自不同行业，且互不相识。随着各项工作的展开，他们协调好彼此的工作，渐渐变得默契，有时不需要说话，就能理解对方的意思。在吴丽琴看来，同组的医生和警察更让她钦佩：金医生负责日常购药和居民突发疾病治疗，他非常理智冷静、专业细心。当居民急切地表达身体的病痛或是药物紧缺的情况时，他首先会温柔地安抚人们的情绪，再想办法，是个解决问题的高手。

吴丽琴所在的“三人小组”在几天的摸查下来，意识到缺药是社区眼下一大难题。为了让群众能够拿到药，他们想了各种方法。一是在平台买药，并让其送到居委会来，由志愿者送药上门；二是有些病人家属买药送到医生住处，再由医生带进小区；三是严格遵守疫情管理规定，叮嘱符合规定的患者到社区医院买药。最终，他们都将所需药品送到了居民手中，保证有需求的居民能够正常用药。在上门排查的过程中，吴丽琴老师还遇到了许多独居老人。独居老人大多对手机操作不熟悉，子女也不在身边，在社区“封控”的情况下，他们的生活变得困难。了解到这些情况之后，吴丽琴会给予独居老人更多关心和照顾，耐心帮助独居老人顺利度过这段“封闭”的生活。

“帮助大家平安顺利地度过社区‘封控’的这段时间，就是我坚持下去的动力。”无论何时，吴丽琴都把居民的利益放在首位。尽管志愿工作十分繁重，但吴丽琴总是以轻松、乐观的语气来描述她的工作，“我不辛苦，还有很多人比我更辛苦”。这份豁达和担当，值得我们深深铭记。

“三人小组”的工作在抗疫一线的突出表现受到多家媒体报道，广州大学教师吴丽琴也成了为众人所知的积极参与社区疫情防控的“广州靓妹”，“三人小组”被誉为广州疫情防控最美三人组。

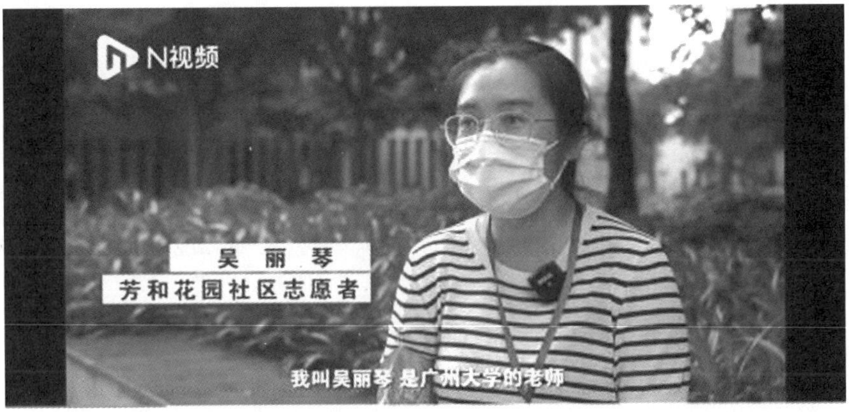


（供稿：宣传部、环境科学与工程学院）

## 瞿芳术老师：深入广州疫情重点区域开展志愿服务

瞿芳术，广州大学土木工程学院教师。在此次广州本土疫情发生后，荔湾区相应重点区域成为封控区，他身为中国共产党党员，义无反顾地报名加入了志愿者服务队伍。

**迅速投身抗疫斗争中**

面对突如其来的疫情，瞿芳术的反应非常迅速。5 月 25 日，瞿芳术接到不允许返校教学的通知。5 月 26 日，他被隔离在社区内。5 月 27 日，他正式作为抗疫志愿者投身到荔湾区第一轮核酸检测中。他回想起最初两天的志愿经历，感觉像是在打仗：全区百万余人将在两天内进行全员检测，他一刻不停地在检测点来回穿梭，一天下来要走两万多步。

在志愿服务过程中，瞿芳术遇到了大大小小的困难。起初瞿芳术核酸检测的工作主要是引导居民有序排队，保持安全距离，并提前扫码填写信息生成二维码。听起来并不复杂的流程里藏着大挑战：很多老人家不会使用智能手机，这时瞿芳术就耐心地教他们使用手机，或是帮助他们进行相关的填报和二维码的获取，保证他们能够完成核酸检测。瞿芳术的踏实作风和出色表现使他被推选为社区的临时党支部书记，他的工作内容发生了不小的转变：从简单重复的工作到更多地参与到组织和调配中。面对更复杂艰巨也更紧急的任务，比如在核酸检测过程中人群聚集造成的病毒传播风险高，而且医护人员不足，如何降低人群感染的风险是迫在眉睫的问题。瞿芳术经过深思熟虑和与工作人员的周密讨论，组织志愿者们通过疏散堵点、分段排队、加强引导等措施，实现了四个小时检测四千余人的目标。在谈及为何如此坚定地想要加入抗疫志愿队伍时，瞿芳术直言，武汉战“疫”给他内心留下的震撼仍历历在目，他想要尽自己的努力，做个对社区和其他人有帮助的人。他也表示，这些天，内心一直都是很感动的，听到的致谢声可能比之前所有的还多，尽管大多是他听不懂的粤语。

**竭诚奉献：对广州抗疫持强大信心**

不仅协助做核酸检测，瞿芳术还是物资配送的志愿者之一，他需要把业主需要的物资分散配送到各家各户去。他印象深刻的一次配送是与另一个志愿者挨家挨户给业主送蔬菜。他们拉着小拖车，把蔬菜一份一份放到门口，并且需要摁铃来确认屋里是否有人。光是送这一趟下来，他们就花了五个小时。

瞿芳术从事给排水科学与工程专业，在这场志愿活动中，他将自己的专业知识应用于与抗疫相关的包括微生物消毒、建筑排水管道水封密封以及医疗废水安全风险控制等方面。基于对病毒传染性和毒性的认识，他协助社区物业对电梯和封闭廊道等密闭环境进行消杀；在社区居民交流群中为邻居普及水封的原理，指导他们及时给水封补水，避免因气溶胶扩散而出现类似香港淘大花园事件。在支持大型核酸取样现场的布置中，依据污水厂设计理论知识，他结合风险和行人轨迹选择合适的污染区布置，大大降低了医疗废物带来的病毒污染风险。虽然志愿服务工作有着许多困难和挑战，但是瞿芳术坚定地说："遇到难题，必须迎难而上，践行共产党员的使命与任务，始终坚持为人民服务。"

（供稿：宣传部）

## 叶丽霞同志：讲好入党故事，传承红色基因

为深入学习贯彻习近平总书记对关心下一代工作的重要指示精神，迎接建党 100 周年，充分发挥"五老"亲历者、见证者、实践者的优势，扎实开展党史、新中国史、改革开放史、社会主义发展史教育，教育引导广大青年学生爱党、爱国、爱社会主义，结合学校关工委开展的"读懂中国"活动，我校体育学院学生代表对退休教工党员叶丽霞同志开展了专访活动。

叶丽霞老师，1941 年出生，1965 年毕业于广州体育学院体育教育本科专业。本科期间曾代表广州体育学院赴北京参加全国"十大体院"（即当时全国的十间体育学院）运动会并打破当时的跳远记录，毕业后一直从事体育教育工作。于 1985 年加入中国共产党，曾任原广州师范学院公体部党支部书记。于 2002 年退休，现任广州大学体育学院关心下一代委员会副主任、离退休党委桂花岗片党总支体育外语教育教职工党支部书记。她是一位忠诚的老共产党员，阅历丰富，见证了中国共产党带领中国人民建设社会主义的不平凡历程。采访过程中，她向我们讲述了入党以来几十年的故事。

### 入党是一件十分自然的事情

"当年入党是一件十分自然的事情，没有任何思索"，叶老师平静地说道。作为后来人，我们对于历史有自己的思考——当年的中国共产党是什么样子的？共产党员的生活状态是什么样的？中国共产党为抗战的胜利做出了哪些贡献？如果没有中国共产党，中国会是什么样子？面对我们的提问，叶老师回忆

道——“读书时期，我接触到抗日战争时期入党的老共产党员，他们态度昂扬向上，积极作为，国家让干什么绝没有二话”。在那个时候，共产党员就是群众的表率，代表着一种积极的、向上的精神和力量。在父辈和师长的影响和党的感召下，叶老师认为，成为共产党员是光荣的，也应当是她的一个追求。

**誓言坚定而无声**

谈到当年的入党申请书，叶老师至今记忆犹新——那是她忘不了的红色情怀。“加入中国共产党，拥护党的纲领，对党忠诚，而且要为共产主义奋斗终身，而且还要一不怕苦、二不怕死”，这些郑重的承诺在此后漫长的岁月里也成了叶老师坚守的标准，这是一个中国共产党党员对自己的要求标准。

**退而不休，奋斗不止**

叶老师陪伴着广大已经走过50余年了，从教的30余年里，叶老师一直兢兢业业，教学成就硕果累累。即便是退休了，也依然关注着教育事业。退休伊始，她就开始参与学校、学院的关工委工作，并在相当长的一段时间担任学院关工委副主任和离退休党委桂花岗片党总支体育外语教育教职工党支部书记。

她在工作之余，积极研读党和国家的经典著作和学习材料，并在学习中持续思考。全国教育大会强调，“要树立健康第一的教育理念，开齐开足体育课，帮助学生在体育锻炼中享受乐趣、增强体质、健全人格、锤炼意志”。叶老师说：“当我读到以上这段文本时，激动万分，习近平总书记对体育课的作用和体育功能的准确概括，为所有体育人注入了一剂强心剂。”她还表示：“中国已经步入了老龄化社会，但是随着国家环境和医疗条件的逐渐提升，人均寿命已超过76岁，那么，我看老龄化社会不是暮气沉沉的社会，而是持续贡献经验和智慧的社会，我要不断的‘忙’下去。”

**寄语**

叶老师认为，体育是德智体的一部分，体育活动不仅可以促进人类的身体健康，还可以促进德育与智育，从事体育教育工作是太阳底下最光辉最光荣的工作，希望青年学生精通业务、精益求精，接好班，把一代又一代的人培养好。

真正的好老师，总是能让人在想起时，身上流过一股暖流。通过这次采访，与叶老师进行了两个半小时的交流，真的收获良多。我们从老一辈人身上看到了他们的奋斗人生，看到了广大老党员的精神面貌，看到了体育人的风采。这次叶老师分享的经历，为我们青年学生拨开了重重迷雾，指引了方向。作为新时代的大学生，我们要珍惜现在来之不易的生活，这都是前辈们用心血打拼出来的，我们的身上寄托着无数前辈们的厚望。同学们，任重而道远，让我们为了中国体育教育事业的腾飞发展和中华民族的伟大复兴而奋斗吧！

（供稿：体育学院）

## 张超老师：战“疫”当前，我是党员我先上

张超老师一直从事我校保密机要员的工作，在工作中有着强烈的责任心，作为一名中共党员，在日常生活中也竭尽所能地为社会贡献出自己的力量。

在新冠肺炎疫情暴发以来，张超老师利用空余时间参与社区抗疫志愿服务，并成为社区楼栋党小组组长，带领大家轮班值守社区门口。在志愿者缺乏的时期，还动员自己的女儿和他一起参与志愿服务，帮进出居民测量体温，提醒进出人员佩戴好口罩，积极联合社区街道，上门派发通知宣传防疫相关信息，实实在在为居民服务，深刻展现了一名共产党员的责任担当。由于社区里老年人较多，张超老师在门口测温的同时，还会细心地为老年人讲解如何开通、使用穗康码小程序，面对高龄老人的时候更是耐心为他们开出入证明，不厌其烦地一个个提醒着。张超老师在此期间踊跃参与抗疫志愿服务三十余次，共计一百三十多个小时，最长一次志愿服务时间达到十二小时，带领着社区其他党员冒着大雨维持着社区核酸检测的现场秩序。他认为，作为共产党员，就应该冲在最前面。在这场全民疫情防控战役中，不仅要保护自己的小家，也要守护住大家，竭尽自己所能，为大家出一份微薄之力抗击疫情。

除了积极参与社区志愿服务外，张超老师也十分热心学校的抗疫志愿工作。疫情期间，学校高度重视防疫抗疫工作，必须确保校园防疫措施做到位，织牢校园疫情防控安全网。学校机关党委成立学校党员突击队，广大党员教师参与学校疫情防控第一线，投身到力所能及的校园防疫工作，张超老师就是其中一员。他深知校园防疫工作是一场持久战，必须优先完成好自己的工作，才能更好地投身于学校的防疫抗疫事业。因此张超老师在做好自己本职工作的同时，他积极响应组织的号召，义无反顾地奔走在学校防控疫情第一线，参与学校志愿服务四次，在学校组织全校核酸检测时维持师生秩序。

张超老师在疫情面前，秉持着我是党员我先上的奉献精神，初心不改、本

色依旧，越是艰险越向前，不误岗位职责，不失党员风范，彰显出共产党人的本色，在战“疫”当前，用行动说话。

（供稿：党办校办）

## 和丹丹老师：坚定不移推广普及国家通用语言文字、传承弘扬中华优秀传统文化

2021 年，广州大学语委办和丹丹博士以习近平新时代中国特色社会主义思想为指导，认真落实习近平总书记对语言文字工作的重要指示批示精神，落实全国和全省语言文字会议精神，大力开展语言文字工作。在传承优秀传统文化、推普助力乡村振兴等方面取得了较为显著的成效。

在学校党委的统一领导和部署下，在有关部门的支持和帮助下，和丹丹博士对我校语言文字工作进行总结，撰写国家语言文字推广基地申报书，助力我校成功获批国家语言文字推广基地。

她作为统筹协调组骨干成员，积极参与由教育部语用司和教育部港澳台事务办公室主办、由我校承办的第六届中华经典诵读港澳展演交流活动。以粤港澳地缘文化为依托，传承红色基因，厚植家国情怀，诵读美好新时代。

此外，和丹丹同志还承担了广东省“推普助力乡村振兴”全国大学生暑期社会实践志愿服务活动优秀项目评审的组织工作。面向全体师生组织中华经典诵写讲大赛，弘扬了中华优秀文化，讴歌了党的光辉历史和丰功伟绩，增强了广大师生“守初心、担使命”的思想自觉、行动自觉和爱党爱国情怀。她和教务处老师在疫情常态化的条件下积极推进普通话水平测试工作，提前超额完成省教育厅下发的年度测试任务。

（供稿：教务处）



## 苗琰老师：于实干中求创新、于细微处践初心

苗琰老师负责全校各类型课程改革建设，除承担课程建设常规工作外，她的大部分工作都需要结合新形势不断地创新。虽然工作任务繁重，但她总能以饱满的热情、精益求精的态度对待工作。她善于思考问题，及时总结经验、深入分析不足，为课程量身打造发展方案，与课程负责人一道推进课程建设。在2021年广东省系列开放课程与国家省级一流课程申报推广等工作中，她结合本校课程总体情况，耐心细致地推进申报工作，逐个动员有建设基础的老师申报，并不厌其烦地解释课程改革的新政策、新动态，经过她的不懈努力，最终我校获得7项省级系列开放课程立项，立项数量在广东省高校位列第三名；推动获批了34门省级一流本科课程，获批数量在广东省高校位列第五名；我校

被评为“地方高校在线开放课程联盟突出贡献单位”。

苗琰老师紧跟高等教育课程改革发展形势，充分利用业余时间参加线上培训，学习新知识，拓宽视野，以便更科学地规划全校课程建设、服务师生，提升课程建设质量。

作为一名中共党员，苗琰老师始终践行初心使命，积极主动参与校园、社区党员志愿服务。在2021年6月广州疫情严峻之时，她挺身而出，风雨无阻，不畏辛劳，投入到社区抗疫志愿服务中，被街道评为“2021年度优秀在职党员”，以实际行动彰显政治担当和社会责任感。

（供稿：教务处）

## 欧洁华老师：原来审计工作也可以如沐春风

近年来，学校要求内部审计工作不仅围绕发展的重点工作开展，更要求着眼于难点和痛点之上。

找难点，戳痛点，审计部门的工作岂不是太容易得罪人了，大家都说内部审计这份工作着实不好干，不经意间就容易站到了别人的对立面。

审计工作的难处不在于业务本身，而是在于有效的沟通。面对同事特别是新入职的“小伙伴们”，欧姐姐经常对大家说：“放心，大胆地干，不要害怕发现问题，更不要不好意思跟其他部门交流，如果有困难，大家跟我说，我来跟有关部门好好沟通！”“欧姐姐”是我们部门对党支部书记欧洁华的亲切称呼，她的这句“放心，大胆地干”，成为大家在审计道路上不断成长的底气和“靠山”。欧姐姐在审计工作中有担当，敢作为，是我们部门同事工作的底气所在。

有一次，我们一位同事的一个项目给被审单位发了三次资料催交函却无回复，同事的内心着实着急。欧姐姐知道了，立刻与该单位的领导电话沟通，说明了审计项目的背景和目的与审计工作的意义和作用，也告知对方对于审计发现问题不用过于顾虑，反而应调整状态，抓早抓小，才能更好地服务学校发展。整个电话沟通过程中，欧姐姐没有指责对方工作人员，也没有就工作进展情况划清两个部门的责任边界，一切都是为了工作的顺利开展。很快，对方就把相关资料交到了我们同事的手中。事后，欧姐姐跟我们这位同事谈心：“下次再有这种情况，我们一起面对，你觉得推动有困难的事情，跟我说，我们共同来解决！”

欧姐姐外柔内刚的工作方法深深地触动我们审计处的同事，她是审计处2021年的“师德标兵”，是我们部门同事心中亲切的大姐姐。在她的带领下，我们部门的最后一名非党员同事也提交了入党申请书，现在正式成为一名入党积极分子。

欧姐姐春风化雨般的工作方法和惠风和畅的为人处世之道，让学校很多人也都叫她“欧姐姐”。这润物细无声般的方式，让我们的审计工作能更好地成为学校发展的促进力，也让大家深刻领会到，原来审计工作也可以如沐春风！

（供稿：审计处）



## 植美贤老师：求真务实、精研业务、自律者自由

2019年入职广州大学财务处的植美贤老师，是核算中心财务审核岗中平凡的一员。在工作中，她始终坚持求真务实的作风，脚踏实地认真办事，逻辑清晰，条理分明，按时按量完成工作任务。在工作之余的时间注重加强学习专业知识，提高自身素质水平。

同时，她在财务系统咨询岗上每天热情地回答老师和同学们的提问，详细

具体指引操作，整理汇总问题以推进网上报销系统和薪酬个税系统的优化，为深化部门管理服务水平添砖加瓦。对于日常繁复的工作，她积极思考，和同事们一起推进会计核算系统智能化，既提高了工作效率，又提升了工作质量。对于对接学校内部和上级单位审计事项和审计整改工作，她运用财务专业思维分析研判审计问题，提出完善财务审核流程的方法和建议。她还参与修订了一系列学校财务规章制度，包括《广州大学经费支出审批权限管理办法》等，为完善学校制度化管理贡献力量。2020 年，作为我校年度部门决算编报工作小组的成员，她在领导和同事们的悉心指导下，圆满完成了决算编报工作，当年我校的编报工作得到了广州市财政局的通报表扬。2021 年，她参与编写《广州大学财务报销问答指引》《广州大学财务报销附件要求》《广州大学财务工作指引手册》等，为我校师生财经业务办理需求提供便利。

“有两样东西，越是经常而持久地对它们进行反复思考，它们就越是使心灵充满常新而日益增长的惊赞和敬畏：我头上的星空和我心中的道德法则。”她时刻牢记自律者自由，作为一名财务人员，严格遵守国家法律法规，遵守财经纪律，坚持原则，秉公办事。

（供稿：财务处）

## 肖潇老师：“吃得苦、耐得烦、霸得蛮”

财务处拥有着一支年轻的“90 后”青年财务骨干队伍，肖潇老师就是其中的一员，她 2014 年加入财务处工作至今，从事学校财务工作以来，始终立足本职工作，忠于职守，敬业勤业，出色地完成各项工作。

2021年肖潇老师轮岗至财务处综合科，任综合科副科长，主要负责内控建设、财务档案管理和审计、纪检、巡察等各项监督检查对接与整改工作。面对新岗位、新工作，她拿出湖南人“吃得苦、耐得烦、霸得蛮”的精神，迅速梳理各项工作流程，做好未尽事宜的衔接工作，熟悉以往工作资料，钻研各类上级文件，保质保量地完成了领导交代的各项工作任务。

将“配角”变为“主角”。会计档案管理工作一直以来是学校财务工作的“配角”，往往被人家所忽视，导致会计档案的日常管理很容易出现漏洞，同时学校缺少专门的会计档案管理制度来规范管理。肖潇老师来到新岗位后，在领导的指导下，广泛查阅了国家、省市相关会计档案管理文件和其他高校的会计档案管理办法，起草制定了《广州大学会计档案管理办法（试行）》制度文件，规范了会计档案（会计凭证）申请查阅流程以及上线运行“会计档案查阅申请”网上审批流程，满足了全校师生查阅会计档案的需求，获广大师生的好评。

迎难而上，攻坚克难。内部控制建设工作一直是学校的重点难点，肖潇老师接手内控建设以来，以内部控制报告为抓手，在领导的部署下出色地完成各项内部控制工作，包括修订《广州大学经济责任制实施办法》、牵头组织广州大学财务工作指引手册编制工作、完成2021年内部控制建设推进会等工作。

一丝不苟，严谨保密，肖潇老师在工作中一直保持严谨态度对待审计相关事宜，时刻注意保密要求，及时落实审计整改工作，不拖拉，不敷衍，特别是遇到上级部门要求处理的紧急事项，她都能第一时间落实并加以反馈。

秉承着不怕困难、脚踏实地、勤能补拙的精神信仰，像肖潇老师一样的越来越多的“90后”财务人正不遗余力地奉献着自己的青春，为广州大学高水平大学建设而不断努力。

（供稿：财务处）

## 工程抗震研究中心科研团队：圆满完成深圳赛格广场大厦检测关键任务

2021年5月18日至20日，赛格广场大厦发生三次有感振动，引发人群恐慌逃离，引起全社会高度关注，深圳市住建局紧急成立专家组对大厦结构安全和振动原因进行论证分析，我校周福霖院士受邀成为专家组成员。

在论证分析过程中，我校工程抗震研究中心科研团队紧急承担了大厦桅杆及主体结构的人工激振、动力性能分析及钢管混凝土脱粘等关键任务。于2021年5月25日至6月30日，在科研团队带头人周福霖院士的带领下、学校领导的支持下，团队秉持艰苦奋战的作风，废寝忘食地讨论工作方案、分析结果，克服了防疫、运输、吊装、施工等现场工作的重重困难，研制开发了赛格广场大厦人工激振测试系统，提出了两种测试方法，成功实施了对赛格广场大厦的系列激振试验、测试和分析工作，并采用超声相控阵测试技术实施了钢管混凝土脱粘检测。

本次人工激振测试工作和钢管混凝土脱粘检测工作，获得了赛格大厦结构动力特性和性能劣化的关键信息，并直接获得了在 2. 12Hz 频率下，桅杆的第四阶非对称振动可以带动大厦发生高阶弯扭组合振动这一关键信息，成为赛格广场大厦振动原因溯源决策的关键技术支撑，得到了专家组的一致好评，在业界取得良好的口碑。

（供稿：工程抗震研究中心）



## 机关党员突击队：“黄沙百战穿金甲　不破楼兰终不还”

疫情就是命令，行动诠释担当。在新冠肺炎疫情肆虐时，广大机关党员把疫情当命令，坚持冲锋在前，筑牢疫情防控的铜墙铁壁。他们召之即来，在“集结号”吹响两小时内，170 多人积极报名响应；他们来则能战，引导录入信息，维护现场秩序，协助饭堂配餐，都能看到那些红色身影。他们始终战斗在校园疫情防控第一线，投身在校园疫情防控最前沿。

听令而动，随时随地准备奔赴任务，是机关党员突击队一直以来的坚持。在学校封控的那个清晨，接到机关党委紧急安排配餐任务的电话，审计处支部书记欧洁华、财务处支部书记徐凌军不约而同说道：“我们支部的党员听候组织安排。”在后勤多数办公室人员到饭堂打饭、发放应急物资的情况下，后勤党支部“挤出了”两名党员，参加突击队的核酸检测任务。在抗击疫情的每一次考验中，学校的疫情联络人金友同志常把“我能干、让我来、交给我”挂在嘴边。在学校突然启动应急预案的某个夜晚，张小安同志发来信息：“如果今晚核酸检测的话，就打我手机，我住在大学城。”在大家漫步春日的某个周末，陈清汉同志传来21个字：“疫情严重，我已经到了学校，随时都可以上战场，清汉。”有的同志甚至在家人需要时，还是义无反顾地赶到任务现场，冯健生同志安顿好住院的父亲后，回复道：“刚办完住院手续，我现在从桂花岗这边开车回来。”……太多太多同志用无私大爱，诠释了新时代共产党员的责任与担当。

出身仕汉羽林郎，初随骠骑战渔阳。而今，机关党员突击队逐渐壮大、系统、成熟，从最初的临时招募，逐步建成拥有大学城组、桂花岗组等9个行动小组的常态化队伍。他们来自机关工作一线的30多个支部，却怀抱着“面对危险，我先上”的共产主义崇高理想，在急难险重任务中发挥着共产党员的光和热。

（供稿：机关党委）

# 广州大学2021年新入职教师名录

（按姓氏笔画排序）

Jia Li　Kosari Saeed　Mario Alberto Gomez　Shafiq Muhammad

丁淑萍　于　丹　万　倩　马　娟　王子佳　王汇文　王亚飞

王　欢　王洪鑫　王晓明　王悦人　王梓丞　王　琴　王童辰

王　鹏　尹　铎　邓成明　孔令平　叶　飞　叶祝弟　史宏勇

丛密林　邝雅星　兰　洁　邢丽欣　吕铭辉　朱键军　刘云峰

刘　正　刘汉藤　刘振邦　刘朝阳　刘裕杰　刘　瑾　刘　燕

闫红洋　江远凌　阮永俭　孙大伟　孙会靓　杜　斌　杜　磊

李　古　李可欣　李亚蕾　李成俊　李　华　李华伟　李　丽

李明杰　李　佳　李　珊　李艳敏　李哲健　李莉娜　李舜华

李　腾　李　慧　杨旭东　杨建业　杨婉军　肖亚铁　肖贞倪

肖章益　吴秀英　吴咏妍　吴　楠　何镇宇　余伟吉　邹煜凯

邹静莹　汪洋涛　张东旭　张　帆　张沁丹　张　杰　张泳辉

张怡雄　张诗洋　张绍洋　张峥嵘　张美范　张晋华　张　梦

张盛达　张惊宙　张喜庭　张　谡　张登辉　张　鹏　陆文甜

陈丽姗　陈钊铭　陈凯佳　陈晓玲　陈晓晖　陈雪梅　陈　琭

陈湘江　林华荣　林杰辉　欧阳志平　罗东向　岳　琳　岳　磊

周小俊　周　杰　周泽天　周　炼　周惠蒙　郑云龙　郑仁奎

郑晓诗　孟晓波　赵亚丽　赵　灿　赵春艳　赵　睿　赵　燕

胡忠燊　胡　诚　钟玉慧　钟如意　钟　亮　俞裕果　饶　远

姜霞赤　洪　明　贺慧敏　莫锦龙　贾　焰　夏　鹏　高利芳

郭韦廷　郭　凯（物理与材料科学学院）　郭　凯（地理科学与遥感学院）

郭莹莹　唐丽伟　黄华锟　黄思韵　黄家乐　黄　腾　黄　煜

龚克里　梁荣清　梁　莹　梁钰铃　谌彦君　韩成功　喻　华

傅沁冰　曾梓彝　曾维和　赖　珊　甄子涵　解　元　阙　镭

廖　婷　谭芳芳　滕晓飞　颜　婧　潘家超　潘静雯

魏思洛（Krawcewicz Wieslaw）

## 欢迎辞

2021 年共有 169 名同事加入了我们广州大学这个大家庭。这些新同事有的是因工作需要从其他高校和科研院所调入，有的是从国（境）外融入，更多的是从国内各大学完成学业来到广州大学开启人生事业的新征程。这里我们对 169 位新同事表示最热烈的欢迎！

百年大计、教育为本。教育兴则国家兴，教育强则国家强。高等教育是一个国家发展水平和发展潜力的重要标志。当今世界正经历百年未有之大变局，我国正处于实现中华民族伟大复兴关键时期，站在“两个一百年”奋斗目标历史交汇点上，立足新发展阶段、贯彻新发展理念、服务构建新发展格局，已开启全面建设社会主义现代化国家新征程的中国，党和国家事业发展对高等教育的需要，对科学知识和优秀人才的需要，比以往任何时候都更为迫切。

教育大计、教师为本。落实立德树人根本任务，为党育人、为国育才，培养德智体美劳全面发展的社会主义接班人和建设者是我们的初心和使命。在大学里，我们都有一个共同的身份——教师。选择当教师就选择了责任，就要尽到教书育人、立德树人的责任。希望大家在日后的教学和管理工作中能更加主动地承担起传授知识、培养能力、塑造正确人生观的时代重任。

习近平总书记在视察清华大学时对教师提出了提出殷切期望，我们要深入学习贯彻习近平总书记重要讲话精神，主动对标对表，立足中华民族伟大复兴战略全局和世界百年未有之大变局，心怀“国之大者”，成为大先生，做学生为学、为事、为人的示范，促进学生成长为全面发展的人。始终同党和人民站在一起，自觉做中国特色社会主义的坚定信仰者和忠实实践者。希望我们所有的新同事都能成为这样的好老师。不忘初心、牢记使命，荣进广大，共赴前程。

学校欢迎各位新同事、新老师的到来。

广州大学

2021 年 8 月

# 广州大学2021年退休教师名录

（按姓氏笔画排序）

| | | | | | | |
|---|---|---|---|---|---|---|
| 万细仔 | 王　真 | 卢婉华 | 白海玲 | 刘庆华 | 刘　斌 | 许大玮 |
| 孙　元 | 李文彦（广州大学工程抗震研究中心） | | | 李文彦（后勤服务处） | | |
| 李永贤 | 李红杨 | 李佳莎 | 李荣华 | 李　艳 | 李淑娥 | 李　鹏 |
| 李　毅 | 肖卿灿 | 吴纯红 | 吴映群 | 何建勋 | 沈志民 | 宋琴夏 |
| 张润红 | 陈家厚 | 陈　琴 | 苗群鹰 | 周　挥 | 周　燕 | 赵春玲 |
| 姚　菁 | 姚　梅 | 郭　青 | 唐爱真 | 黄子安 | 梁伟栋 | 彭春元 |
| 蒋桂凤 | 韩　东 | 游亚新 | 谢建社 | 蔡北海 | 谭　军 | |

## 致谢辞

今年我校共有44位同事因为年龄的缘故荣休了。这44位同事绝大多数在广州大学工作服务了十数年，甚至是数十年，可以说是把自己人生最好的年华奉献给了广州大学。为此，我们要为荣休的各位老同事送上最真挚的祝福，并表达最崇高的敬意！感谢你们为广州大学的人才培养与发展建设作出的贡献！

一所好的大学发展必定离不开长期为学校建设发展工作服务的教师们、同事们。正是因为有你们的坚持，广州大学才会在几十余年来与时俱进，成为如今能跻身全国高校百强的高水平大学建设高校。

各位荣休的老同事永远是学校的宝贵财富。我们衷心期待，大家荣休后能继续关心、关注和支持学校的发展。莫道桑榆晚，晚晴正当时。广州大学永远记得你们。

祝愿各位荣休的老同事、老教师身体健康，生活美满。

广州大学

2021年8月

**图书在版编目（CIP）数据**

我们的大学：广州大学教师人才培养、科学研究、服务社会、传承文明录．2021/屈哨兵，魏明海主编．—广州：暨南大学出版社，2022.8
ISBN 978－7－5668－3472－0

Ⅰ．①我…　Ⅱ．①屈…　②魏…　Ⅲ．①高等学校—师资培养—概况—广州—2021　Ⅳ．①G645.12

中国版本图书馆 CIP 数据核字（2022）第 146075 号

**我们的大学：广州大学教师人才培养、科学研究、服务社会、传承文明录（2021）**
**WOMEN DE DAXUE：GUANGZHOU DAXUE JIAOSHI RENCAI PEIYANG KEXUE YANJIU FUWU SHEHUI CHUANCHENG WENMINGLU（2021）**
**主　编：屈哨兵　魏明海**

---

**出 版 人**：张晋升
**责任编辑**：古碧卡　陈俞潼
**责任校对**：刘舜怡　黄晓佳
**责任印制**：周一丹　郑玉婷

**出版发行**：暨南大学出版社（511443）
**电　　话**：总编室（8620）37332601
营销部（8620）37332680　37332681　37332682　37332683
**传　　真**：（8620）37332660（办公室）　37332684（营销部）
**网　　址**：http：//www. jnupress. com
**排　　版**：广州市天河星辰文化发展部照排中心
**印　　刷**：广东广州日报传媒股份有限公司印务分公司
**开　　本**：787mm×960mm　1/16
**印　　张**：17.25
**字　　数**：290 千
**版　　次**：2022 年 8 月第 1 版
**印　　次**：2022 年 8 月第 1 次
**定　　价**：68.00 元